Hans Mühlbauer

101 Praxistipps für Segler und Motorbootfahrer

Hans Mühlbauer

101 Praxistipps für Segler und Motorbootfahrer

pietsch

Einbandgestaltung: Andreas Pflaum
Titelbild: Hans Mühlbauer
Bildnachweis: Alle Fotos stammen von Hans Mühlbauer.
Die Grafiken erstellte Andreas Matzner.

ISBN 3-613-50368-9

1. Auflage 2001

Lektorat: Oliver Schwarz
Innengestaltung: Marit Wolff
Reproduktionen: digi bild reinhardt, 73037 Göppingen
Druck: TC Druck, 72072 Tübingen
Bindung: E. Riethmüller, 70176 Stuttgart
Printed in Germany.

Inhalts-verzeichnis

Sicherheit an Bord 87

Seemannschaft 109

Komfort 120

Dies und das 128

Vorwort

Zugegeben, Wassersportler haben's manchmal schwer. Dabei könnte das Leben als Segler oder Motorbootfahrer so entspannend sein, wenn immer alles liefe, wie es soll. Doch Probleme lauern allerorten, und wer an Bord in jeder Situation ruhig Blut bewahren will, muss in vielen Wissenschaften zu Hause sein: Navigation und Aerodynamik, Meteorologie und Mechanik, Psychologie und Menschenführung. Man muss sein eigener Elektroniker, Installateur, Programmierer, Bootsbauer und Zimmermann sein. Doch nicht jeder ist ein Daniel Düsentrieb und weiß für alles eine Lösung. Selbst Lehrbücher helfen meist nicht weiter, weil sie möglichen Problemen an Bord meist sehr theoretisch zu Leibe rücken, und weil in der Regel genau die Schwierigkeit, mit der man gerade zu kämpfen hat, von keinem Segelschul-Lehrplan der Welt abgedeckt wird. Dann sind Praxistipps gefragt, wie sie in diesem Buch versammelt sind.

Als Inhaber der Deutschen Charteragentur und des DMC-Reisen – Deutsches Mitsegler Centrum, das sich mit weltweiter Yachtcharter und mit Mitsegeltörns beschäftigt, sowie als Reiseveranstalter, der mit dem Programm SEGELN AKTIV! in der DMC-Flottille seit nunmehr über 15 Jahren auf dem Markt ist, hatte ich viel Gelegenheit, Praxistipps rund um Yacht und Seemannschaft zu sammeln. Etwa die Hälfte der hier abgedruckten Tipps sind Lösungen, die ich auf meinem Katamaran *ORION* selbst entwickelt oder gefunden habe. Auf anderen Yachten und im Gespräch mit internationalen Yachties kam

die zweite Hälfte hinzu. Alle auf diesem Weg gewonnenen Tipps habe ich auf ihre Praxistauglichkeit überprüft, und nicht selten schmunzelnd in meine Sammlung aufgenommen. Denn manchmal sind es ganz banale Dinge oder Lösungen, die uns das Leben auf einem Schiff leichter und angenehmer machen können, und die einem in schwierigen Situationen einfach nicht einfallen wollen.
Natürlich lassen sich nicht alle der hier dargestellten Tipps auf jedem Schiff umsetzen. Dafür sind die verschiedenen Decks-Layouts, die Ausrüstungen und Möglichkeiten vor Ort einfach zu unterschiedlich. Aber fast jeder Tipp kann weiterentwickelt und der eigenen Situation angepasst werden. Die hier gemachten Vorschläge sind also keineswegs starr festgelegte »Kochrezepte«, sondern auch als Anregungen zu verstehen, eigene Ideen und Lösungen zu entwickeln.
Leser, die sich an mich direkt wenden wollen, erreichen mich übrigens über Bordtelefon (0171-3697129), Bordfax (0171-3608048) oder E-Mail (*dmcreisen@aol.com*). Ich freue mich immer über neue Tipps und Vorschläge.

Hans Mühlbauer, im April 2001

Ordnung muss sein!

Aufgeräumte Leinen in der Backskiste

Viele Yachten haben eines gemeinsam: Die Backskisten sind unergründlich groß und tief, und das eingelagerte Gut findet sich erst dann wieder, wenn diese Gruft fast vollständig ausgeräumt wird.

Dass sich für kleinere und größere Gegenstände Kunststoffkisten und ähnliche stapelbare Behältnisse bewährt haben, ist hinreichend bekannt. Aber das Chaos an Bord bricht oft genau dann aus, wenn sich die gerade so dringend und schnell benötigte Leine in den Tiefen der Backskiste verkrochen hat.

Dabei lässt sich diese GAU (= Größte anzunehmende Unordnung) bei den Leinen leicht vermeiden: An die Innenwand der Backskiste werden kleine und preiswerte Klampen – senkrecht angeordnet – angeschraubt. Durch deren Mittelloch wird eine dünne Leine von einem knappen Meter Länge gesteckt und die Enden zusammengeknotet, so dass eine Schlaufe entsteht. Durch das obere Auge der aufgeschossenen Leinen schiebt man jetzt die dünne Schlaufe und legt sie einfach über das obere Klampenhorn.

Das Ergebnis: Alle Leinen hängen griffbereit und fein säuberlich aufgeräumt an der Wand der Backskiste und können jederzeit und ohne Wuhling herausgenommen und sofort eingesetzt werden.

Fest an der Reling – Die unverlierbare Badehose

Es ist jedes Mal dasselbe: Die Crew geht von Bord aus zum Baden ins Wasser, und anschließend sollen die nassen Sachen an der Reling aufgehängt werden. Mit Wäscheklammern – falls vorhanden – kein Problem!

Bei Badehosen und ähnlichen Kleidungsstücken geht es aber auch ohne: Einfach die Badehose mit einer Beinöffnung über die Reling legen und den Rest des Textils durch das so entstandene Loch zwischen Reling und Stoff ziehen. Das Ergebnis sieht aus wie ein falsch geknoteter Webeleinstek, wie man ihn oftmals beim Anbinden der Fender an der Reling sieht. Aber, im Gegensatz dazu, hier bleibt das »edle« Wäschestück unverlierbar am Seezaun. Nicht mal bei Starkwind kann es wegfliegen, und so nebenbei spart man Wäscheklammern, die auf Yachten gar nicht so häufig sind, jedoch um so öfter über Bord gehen.

Nach dieser Methode lassen sich natürlich nicht nur Badehosen, sondern viele andere Wäschestücke wirkungsvoll gegen Wegfliegen sichern. Die Frage ist nur, ob oder wie lange der Skipper mit einer segelnden Wäscheleine spazieren fahren möchte …

Der Kleinkram im Cockpit

Skippers Leid sind oft all die kleinen Gegenstände, die von der Crew auf wie unter Deck, im Cockpit und im Salon anmutig verteilt werden.

Gerne liegen gelassen werden Sonnencremes, Brillen, Kekse, Bücher und Fotoapparate. In kürzester Zeit sind Tische und Bänke überschwemmt mit all diesem Krimskrams, und man muss schon sehr aufpassen, dass man nicht drauftritt und die Sonnenmilch in weitem Bogen das Cockpit einölt.

Die Teile einzusammeln und eine Versteigerung zugunsten der Bordkasse zu veranstalten, hatte schon Herr Vettermann in seinen Geschichten über Käpt'n Barawitzka im Auge.

Einfache und selbst genähte Taschen aus Segeltuch schaffen schlagartig Ordnung an Bord. Zur Anfertigung benötigt man ein rechteckiges Stück stabilen Stoffs, der außen herum eingenäht wird. Die oberen fünf Zentimeter werden lose umgeklappt und mit Druckknöpfen versehen. Diese obere Lasche wird am Schiff über den oberen Relingszug gelegt und mit den Druckknöpfen dort befestigt.

Wenn man den unteren Rand mit senkrecht aufgenähten Klettbandstreifen versieht, dann kann dieses Tuchstück unten herum um den unteren Relingszug geklappt und am Klettband straff festgemacht werden. Auf das Stoffstück gehört natürlich noch eine zweite Stoffbahn, die so abgenäht wird, dass die gewünschten Taschen entstehen. Hierin finden sämtliche Kleinteile an Bord ihren Platz und sind gut aufgeräumt.

Auch für Charterer ist so eine Segeltuchtasche interessant, denn wegen des Klettbandes lässt sich die Tasche an jede Relingshöhe anpassen.

Angelhalterung aus dem Baumarkt

Angeln von Bord aus ist eine angenehme Nebenbeschäftigung und frischer Fisch in der Pfanne oder am Bordgrill ein Hochgenuss. Nur: Wo bekommt die Angel ihren Platz?

In einer stabilen Halterung soll die Angelrute stecken, sie soll nicht stören, die Leine darf sich nirgends verheddern, und leicht und schnell zu bedienen soll die Angel auch sein. Oft wird von Bord mit einer Schleppangel gefischt. Bei dieser Methode wird ein Köder während der Fahrt an der langen Angelleine nachgeschleppt. Beißt ein Fisch an, wird die Angelleine behutsam eingeholt, bis der Fang an Bord gehoben werden kann.
Für die Angelrute gibt es spezielle kostspielige Halterungen aus Kunststoff und Metall im maritimen Zubehörhandel – und auch im Baumarkt: Ein unscheinbares graues Abwasserrohr mit 50 Millimeter Durchmesser und 50 Zentimetern Länge kostet etwa 1 bis 2 Euro. Zwei Stück seewasserbeständige Schlauchschellen mit etwa 70 bis 80 Millimetern Öffnungsweite sind noch notwendig für diese Konstruktion. Mit den Schlauchschellen wird das Rohr so schräg an die Heckreling geschraubt, dass die Spitze der in das Rohr gesteckten Angelrute über das Yachtheck hinausragt. Das ist alles. Etwa 3 Euro Materialkosten und in zwei Minuten zwei Schlauchschellen anschrauben.

Extratipp

Über die zerlegte Angelrute geschoben, passt das Rohrstück auch in den Seesack des angelbegeisterten Charterseglers.

Extratipp

Rutschfeste oder auch angeschraubte Bücherstützen unterteilen die Schapps und halten auch Ersatzteilbehälter, Werkzeugkästen und ähnliche Dinge in Zaum.

Aufrechte Ordnung im Bücherschapp

Gerade auf (Lang-)Fahrtenyachten gehören Bücher und Broschüren mit unterschiedlichen Papierformaten zur Grundausstattung. Hafenhandbücher, Reiseführer, Reparaturhandbücher, Kataloge und Bedienungsanleitungen sind genauso unerlässlich wie leichtere und schwerere Literatur bis hin zum Einschlafkrimi.

Diese ganzen Einzelstücke haben nur einen großen Nachteil: Unterwegs, auf See und im Seegang fliegen sie gerne wild durcheinander und verteilen sich lustig im Bücherschapp, manchmal sogar in der gesamten Kajüte.
Damit die Bücher auch brav an ihrem Platz bleiben, lassen sich, im Hafen abnehmbare, Leisten vorsetzen. Oder, weniger auffällig: eine Gummischnur wird vorgespannt. Schön stramm an kleine Haken geknotet, verhindert sie wirkungsvoll das Herausfallen der schönen Bücher. Damit sich im Bücherschapp selbst die Einzelbände nicht querlegen, kommt die gute alte Bücherstütze zum Einsatz. Egal, ob aus Holz, Kunststoff oder Metall, wenn sie an der Unterseite mit rutschfester Folie beklebt wird, bleiben alle Bücher und Broschüren schön aufrecht an ihrem angestammten Platz.

Gummistropp als Gewürzhalter

Auf jeder Yacht und auf jedem Boot gibt es viele Dinge, die einesteils indirekter Reichweite der Crew und problemlos verfügbar sein sollen, die andernteils aber nicht lose herumsausen sollen, schon gar nicht im Seegang – Gewürze zum Beispiel.

Freilich, man kann sie in einem Schapp verstauen oder in einem Behälter, der dann in einem Schrank verschwindet, aber Salz, Pfeffer, Zucker, Thymian und Co. braucht

der Smutje in Griffweite. Auf vielen Schiffen gibt es tote Ecken in der Pantry: Ein schmaler Streifen auf der Arbeitsfläche, hinter dem Deckel der Kühlbox, hinter/neben Herd oder Spülbecken oder …; alles Plätze, die sonst zu nichts zu gebrauchen sind, die aber dank der Konstruktion vorhanden sind. Hier passen die Gewürze hin!
Ein Gummistropp wird mittels Schrauben oder kleiner Haken an die in Frage kommende Rückwand geschraubt und die Behältnisse der Gewürze mitsamt Salz- und Pfefferstreuer damit an die Wand geklemmt.
Gummischnüre verschiedener Stärken gibt es beim Yachtausrüster als Meterware. Sie eignen sich an Bord für vielfältige Stau- und Klemmaufgaben: In der Backskiste klemmen sie die Fender ordentlich an die Wand und halten Leinen und andere Ausrüstung an ihrem Platz, an Deck verzurren sie Segel und Bootshaken, unter Deck beklemmen sie Navigationswerkzeug, Toilettenartikel, Kleidung oder eben die Gewürze. Einen Nachteil haben Gummischnüre allerdings: An Deck unter ständiger Sonnenbestrahlung altern sie sehr schnell – sie werden hart, verlieren ihre Elastizität, und spätestens dann muss man sie durch neue ersetzen.

Gummistropps als universelle Helferlein

Auf jeder Yacht gibt es ständig irgendwelche Dinge zu befestigen und fest zu bändseln. Kurze Leinen unterschiedlicher Durchmesser und Längen hängen deshalb an vielen

Steuersäulen zum direkten Zugriff. Feste, haltbare und trotzdem leicht zu lösende Verbindungen lassen sich mit simplen Gummistropps herstellen.

Diese Stropps kann man fertig konfektioniert im Zubehörhandel und beim Camping- und Caravanhändler kaufen – komplett mit eingearbeiteten Kunststoffteilen an den Enden, damit man die Enden der Gummistropps einfach schließen kann.
Man kann sie aber auch, individuell angepasst, für wenig Geld und mit minimalem Zeitaufwand selbst herstellen: Gummischnur verschiedener Stärken gibt es beim Yachtausrüster. Für das eine Ende des Stropps kann ein kleines Hölzchen verwendet werden. Es ist etwa fünf Zentimeter lang und bekommt in der Mitte eine Bohrung, die dem Durchmesser der Gummischnur entspricht. Hierdurch wird die Schnur gesteckt und z. B. mit einem Achtknoten gesichert. Das andere Ende versieht man mit einem kleinen Palstek.
Jetzt können mit dem Gummistropp beliebige Teile befestigt werden. Das Hölzchen wird durch die Palstek-Schlinge gesteckt, und der Stropp ist im Nu fixiert.

Klappkisten schaffen Ordnung

Öffnet man die Backskisten und Stauräume mancher Yachten, dann offenbart sich ein kunterbuntes Auf-, Über, Unter- und Nebeneinander aller möglicher und unmöglicher Ausrüstungsgegenstände und Zubehörteile. Wohl dem, der da noch zurecht kommt und gerne sucht!

Variable Stauräume lassen sich mit ganz simplen Klappkisten schaffen. Sie sind in jedem Supermarkt für wenig Geld zu haben, es gibt sie in verschiedenen Größen, sie bestehen aus korrosionsfestem Kunststoffmaterial und lassen sich bei Nichtgebrauch klein zusammenlegen und wegpacken. Klappkisten sind stapelbar. Dadurch können sie den jeweiligen Raumgegebenheiten angepasst werden.

Durch die seitlichen Schlitze kann genügend Luft zirkulieren, damit keine Stockflecken auftreten. Sogar die persönlichen Sachen der Crewmitglieder sind darin ordentlich aufgeräumt und jederzeit gut zugänglich.

Gib den Schuhen einen Korb!

Bootsschuhe sollen, wie der Name ja schon besagt, an Bord getragen werden und Straßenschuhe auf der Straße. Dann bleibt der Dreck von der Kaimauer, speziell die kleinen Steinchen, welche die empfindlichen Deckoberflächen der Yachten mit kleinen Löchern perforieren, zurück auf der Hafenmauer.

Die Schnittstelle für das Wechseln bzw. Ausziehen der Schuhe befindet sich an der Bordwand oder am Ende der Gangway. Aber: Wohin jetzt mit den Tretern? Ganz einfach: Das Schuhwerk kommt in eine Kiste. Diese Schuhkiste kann aus dauerhaftem Kunststoff oder auch aus Weidengeflecht mit und ohne Deckel bestehen. Sie wird leicht zugänglich zum Beispiel am Heckkorb dauerhaft befestigt. Dort ist sie beim Ein- und Aussteigen in greifbarer Nähe. Vom Land mitgebrachter Schmutz fällt in die Kiste und kann bei nächster

Gelegenheit entsorgt werden. Hat die Schuhkiste einen durchlöcherten Boden, so bröseln Sand und Schmutz zwar nach unten durch, aber auch eventuell eindringendes Wasser läuft ab, und bei günstiger Platzierung tropfen diese Dinge gleich ins Wasser und verschmutzen das Deck nicht.

Kisten und Körbe in den Kühlschrank

Ein Kühlschrank oder eine Kühlbox gehören heute zur Standardausrüstung praktisch jeder Yacht. Den Komfort gekühlter Lebensmittel und Getränke möchte niemand missen.

Aber in den unübersichtlichen Tiefen der Kühlbox versteckt sich so manche Leckerei bis über das Verfallsdatum hinaus, und bei einem Kühlschrank verteilt sich dessen Inhalt gern auf dem Kajütboden, wenn man ihn bei Seegang öffnet. Dies macht das Wiederfinden allerdings sehr übersichtlich.

So oder so, das kann kein Dauerzustand sein! Stapelbare Kunststoffkisten oder -körbe, die möglichst passgenau den Kühlraum ausfüllen, schaffen Ordnung.

In diese Behältnisse kann das Kühlgut schön sortiert eingebracht werden. Sogar offene Tetrapacks entleeren sich nicht, da sie aufrecht stehen bleiben. Eine stramme Wäscheklammer verschließt zusätzlich die aufgeschnittene Packungsecke. Körbe bieten die beiden Vorteile, dass man von der Seite sehen kann, was drin ist, und dass die Kälte gut durchströmen kann.

In seitlich geschlossenen Kisten oder Boxen, gerade in warmen Wassersportrevieren, findet gern ein Eisblock seinen Platz als zusätzlicher Kühlkörper. Dies entlastet das Kühlaggregat (und nebenbei gibt's auch

Eis für den Longdrink). Das beim Schmelzen entstehende Eiswasser sammelt sich praktischerweise in den Behältern.

Ein Eimer Wasser zum Dieseltanken?

Diesel tanken ist nicht schwer, aber dass auch nichts daneben geht dagegen sehr! Das Hantieren mit der klobigen, in manchen Ländern schier abenteuerlichen Zapfpistole, oder was man da dann so nennt, ist gar nicht so einfach. Noch schlimmer ist die Tankprozedur mit Kanister und Trichter. Dass Sprit danebengeht, ist schnell passiert. Wehe, wenn auch nur ein Tropfen des Treibstoffes verspritzt wird! Der zurückbleibende Schmierfilm auf dem Deck ist nur schwer wieder wegzukriegen, ganz zu schweigen vom Dieselgeruch, der sich tagelang hält. Besonders unter Deck erfreuen sich die Mitsegler daran und quittieren dies mit vermehrter Übelkeit beim Segeln.

Gänzlich vermeiden lässt es sich manchmal ja nicht, dass Restflüssigkeit aus der Zapfpistole fließt oder der Tank bei unachtsamem Einfüllen überschäumt, aber man kann das Deck sauber halten und die Umwelt natürlich auch.
Die althergebrachte Methode ist, dass mit reichlich Reinigungsmittel und Lappen versucht wird das Malheur wegzuwaschen – mit großzügigem Nachspülen der Waschbrühe ins Wasser bzw. Meer und der damit einhergehenden Belastung der Umwelt …
Aber es geht auch noch anders: Dazu wird ganz einfach noch vor Öffnen des Diesel-Einfüllstutzens eine Pütz voll Seewasser großflächig über den Füllstutzenbereich geschüttet und das Deck somit angefeuchtet. Wenn jetzt beim Tanken etwas Treibstoff danebengeht, dann schwimmt der Diesel dank seines geringeren spezifischen Gewichts auf diesem Wasserfilm auf und kann leicht und ohne Überreste, zum Beispiel mit Küchenrolle, aufgewischt und entsorgt werden. Er bleibt nicht am Decksbelag kleben, es gibt keine öligen Flecken, und eine anhaltende Geruchsbelästigung findet auch nicht statt.

Extratipp

Das Eiswasser nicht gleich wegschütten, denn auch das geschmolzene Eis hält die Kälte noch recht lange!

Dreck lass nach!

Ein Seewasserfilter kann Wunder wirken

Mancher wundert sich, dass er den Impeller der Kühlwasserpumpe am Motor so oft wechseln muss. Die Ursache liegt meist am Schmutz.

Die Kühlwasserpumpe ist eines der wirklich überlebenswichtigen Teile eines jeden Motors. Quittiert sie ihren Dienst, dann leuchtet zuerst die Kühlwasser-Kontrollleuchte am Motor-Bedienpaneel auf, und auch der akustische Piep-Alarm gibt Laut. Dann heißt es auch schnell handeln: Motor-Drehzahl runter – am besten die Maschine ganz stoppen. Denn der Motorblock wird nicht mehr vom Kühlwasser durchflossen, der Motor überhitzt sich, und in kürzester Zeit ist Exitus: Der schöne Bootsmotor ist hin.

Somit sollte dem Impeller der Wasserpumpe besondere Beachtung geschenkt werden. Dieses Teil ist aus Gummi gefertigt und stellt ein kleines Schaufelrad mit fünf und mehr Schaufeln dar, welches das Kühlwasser durch den Motor drückt. Brechen jetzt diese Gummischaufeln ab, dann verschlechtert sich die Förderleistung der Pumpe enorm und die abgebrochenen Gummiteile werden durch die feinen Kühlkanäle gespült, wo sie sich leicht verhaken können und somit zusätzlichen Ärger bereiten. Ein Seewasserfilter verhilft dem geschundenen Impeller

zu deutlich längerer Lebensdauer, denn hier werden all die groben Schmutzpartikel wie Seegrasfetzen, Sand und Steinchen gesammelt, die dem Gummirad sonst den Garaus machen.
Damit beim Öffnen zur Inspektion und zur Reinigung keine Überschwemmung im Motorraum auftritt, muss er etwas oberhalb der Wasserlinie angebracht werden. Angeschlossen wird der Filter an seiner Einlassseite am Seeventil, die Auslassseite wird mit der Wasserpumpe verbunden. Egal, ob Einkreis- oder Zweikreiskühlung, Impeller und somit auch Motor danken es mit deutlich höherer Lebensdauer.

Öl-Absaugpumpe fest installiert

Ein moderner Diesel- oder Benzinmotor ist langlebig, wartungsarm und (hoffentlich) einfach zu reparieren. Nur: Beim regelmäßig wiederkehrenden Ölwechsel ist den Konstrukteuren bislang nichts Besseres eingefallen, als das Altöl in archaisch anmutende Auffanggefäße abzulassen und den Mechaniker und die Bilge mit dunkler Flüssigkeit zu begießen.

Wie angenehm ist da eine fest am Motor angebrachte Öl-Absaugpumpe. Egal, ob mit Handbetrieb oder mit einem Elektromotor, die Zeiten des herumspritzenden Altöls sind hiermit vorbei.
Der Ansaugschlauch dieser Pumpe wird zum Beispiel in das Rohr des Ölpeilstabes gesteckt und bis zum Grund der Ölwanne eingeschoben. Viele Motoren verfügen zusätzlich zu dieser Öffnung noch über ein zweites, meist mit einem Gummipfropfen verschlossenes Rohr, das direkt in die Ölwanne führt. Gerade hier kann der Ansaugschlauch angeschlossen werden und auf Dauer dort verbleiben.
Eine elektrische Öl-Absaugpumpe kann im Motorraum an beliebiger Stelle angebracht werden. Eine mechanische Kolbenpumpe, wie sie im Zubehörhandel für etwa 10 EURO angeboten wird, kann man an gut zugänglicher

Stelle direkt am Motor z. B. mit handelsüblichen Schlauchschellen oder auch ganz einfachen Kabelbindern befestigen.
Das abgepumpte Altöl wird in einem nicht mehr benötigten leeren Ölkanister aufgefangen und kann hierin auch gleich entsorgt werden – lästiges Umfüllen von der Öl-Auffangwanne entfällt und somit ist die Gefahr des Verschüttens auch gebannt.
Die Hände bei dieser Prozedur bleiben sauber, und: Es ist eine umweltfreundliche Methode für wenig Geld.

Saubere Bilge mit Spülmittel

Irgendwie kommt ja immer wieder Dreck jeder Art in die Bilge unserer Boote: Brösel, Haare, Staub, Kondenswasser, bei manchen älteren Booten auch das Abwasser aus der Dusche, und manchmal auch etwas Motoröl oder gar Diesel. Diese bunte Mischung verteilt sich natürlich bis in die hintersten Ecken unseres Schiffskellers und entzieht sich somit zumindest teilweise jeglicher Entfernung durch Schwamm oder Putzlappen. Unter Deck stellt sich ein etwas muffiger Geruch ein. Wenn auch noch Diesel dem Bilgengebräu beigemischt wird, dann erfreuen die Mitsegler den Skipper dadurch, wenn sie sich nach reichlicher Inhalation dieses Geruchs vermehrt das Essen nochmals durch den Kopf gehen lassen – ihnen wird schlecht.

Eine schnell wirkende, und gerade auch auf Charterschiffen zum Törnbeginn gerne benutzte Methode ist, dass man an den zugänglichen Stellen der Bilge jeweils einen guten Spritzer normales Geschirrspülmittel hineingibt, gefolgt von einem Eimer Süßwasser.
Jetzt kann die Crew auslaufen und einen Törn mit möglichst nicht zuviel Krängung unternehmen, damit die Brühe nicht bis in die Kleiderschranke läuft. Das Spülwasser wird sich währenddessen verteilen, durch die Schiffsbewegungen überall hinkommen und wenigstens den meisten Schmutz lösen.

Nach einigen Stunden Einwirkzeit und nach Rückkehr in den Hafen wird das Bilgenwasser in einen untergehaltenen Eimer oder ein ähnliches Behältnis abgepumpt und ordentlich entsorgt. Gerade bei Öl- oder Dieselbeimengung ist das wichtig.
Wird die Bilge jetzt, soweit zugänglich, noch mit einem Lappen kurz nachgewischt, dann wird die Zitronenfrische des Spülmittels für angenehmen Duft unter Deck sorgen.

Deckschrubben mit Spülung

Das mühsame Reinigen der Decks, gerade nach längerer Liegezeit, ist eine derjenigen Arbeiten an Bord, wo sich die Crew regelmäßig unter fadenscheinigen Erklärungen irgendwohin verdünnisiert.

Hartnäckiger Dreck und feiner Staub in allen Ritzen verlangen den Einsatz von Bürste oder gar Hochdruckreiniger, denn das einfache Abspritzen mit klarem Wasser

hilft nicht viel. Der Hochdruckreiniger kostet Geld und benötigt einen Stromanschluss, die Reinigungsbürste gibt sich notfalls auch mit einem Eimer Hafenwasser zufrieden. Eine Spülung mit klarem Wasser aus dem Wasserschlauch löst gleichzeitig abgelagerte Salzkristalle.
Leider verfügt der Skipper selten über drei bis vier Hände, um Schlauch und Bürstenstiel gleichzeitig fassen zu können. Ein paar Schlauchschellen oder einfache Kabelbinder schaffen Abhilfe: Der Wasserschlauch wird mit diesem Befestigungsmaterial fest am Stiel befestigt, mit dem Schlauchende nach unten auf die Bürste zeigend. Ein stufenlos einstellbarer Sprühkopf verteilt das Spülwasser genau da, wo es benötigt wird. Und der »Decksschrubber« kann sich ganz seiner Reinigungsbeschäftigung widmen.

Klar Schiff mit Morgentau

Jeden Morgen das Gleiche: Das gesamte Deck ist nass vom Tau der Nacht! Man kann diesen Wasserbelag nun einfach trocknen lassen oder ihn zur Schiffspflege verwenden. Denn Tau besteht aus reinem Süßwasser, und diese Tatsache beschert dem Skipper eine kostenfreie Decksentsalzung und eine Schiffsreinigung.

Mit dem Aufnehmer über Deck und Aufbauten gewischt lassen

sich Meersalz und sogar der während der Nacht aufgeweichte Schmutz ganz einfach entfernen. Auch ein »Gummiflitscher«, wie man ihn zum Fensterputzen verwendet, leistet hierbei wertvolle Dienste.

Überall, wo kein Wasserschlauch zum Abspritzen des Bootes zur Verfügung steht, hilft diese Methode, um die Yacht sauber zu halten.

Wasserflasche als Transportbox

Sommer, Sonne und ein Segeltörn im fremden Revier! Wenn man das nur alles mit nach Hause nehmen könnte …

Alles wohl nicht, aber diverse Mitbringsel finden ihren Weg in den Seesack. Leider passiert es, dass die so mühsam gesuchten Muscheln und Schnecken, der Korallensand, der Ableger des Kaktus oder das feingliedrige Souvenir aus dem Touristenshop nicht heil den Weg bis in die Heimat schaffen. Sie kommen zerdrückt und demoliert aus dem Flieger. Das muss nicht sein!

Ein stabiles Transport-Behältnis für diverse Urlaubs-Mitbringsel ist die Einweg-Plastik-Wasserflasche aus dem Supermarkt. Sie ist recht stabil und lässt sich auf verschiedene Transportmaße bringen. Dazu schneidet man das konische obere Teilstück mit einem scharfen Messer ab. Die empfindlichen Mitbringsel können in dem leeren Flaschenunterteil verstaut werden – wenn nötig kann mit Küchenrolle ausgepolstert werden. Wird die Flasche nicht ganz voll, dann macht das auch nichts. Mit dem Messer kann der Flaschenzylinder auf das benötigte Maß zugeschnitten werden. Wenn schließlich alles verstaut ist, dann kommt der Deckel, also das zuvor abgeschnittene Flaschenoberteil, wieder oben drauf. Mit einem Streifen Klebeband werden Ober- und Unterteil miteinander verbunden. Auf diese Weise eingepackt, überstehen selbst zerbrechliche Teile den Heimtransport ohne Schaden. Steckt man diese Transportflasche ins Handgepäck, kann man ziemlich sicher sein, dass der Inhalt heil zu Hause ankommt.

Bei manchen Teilen reicht die Länge einer einzigen Wasserflasche nicht aus – bei Pflanzen zum Beispiel. Dann nimmt man mehrere dieser Plastikflaschen und schneidet jeweils Oberteil und Boden ab, damit nur ein hohler Zylinder übrigbleibt. Mit Tape werden die Teile bis zur gewünschten Länge aneinander geklebt. Ein Oberteil und ein Boden beschließen die nun entstandene Röhre. Knotet man noch ein Bändsel oben und unten dran, dann schwingt man das Wasserflaschenrohr mit den wertvollen Souvenirs lässig über die Schulter und hat beide Hände frei für andere Gepäckstücke.

Haarwäsche und Duschen an Bord

Süßwasser ist knapp auf jeder Yacht. Und gerade bei der Körperpflege – beim Waschen der Haare und beim Duschen – ist der Verbrauch des kostbaren Nasses besonders hoch.

Bei sommerlichen Luft- und Wassertemperaturen empfiehlt sich eine Waschmethode, die nicht nur äußerst wassersparend ist, sondern, nach medizinischen Erkenntnissen, der Haut und dem Haar notwendige Mineralstoffe zuführt und somit sehr gesund ist.

Die Reinigungsaktion findet am Yachtheck statt. Die Waschaspiranten springen erst einmal ins Wasser zum Schwimmen. Wieder auf der Badeplattform angekommen, gönnen sie sich einen ordentlichen Schluck Süßwasser aus der Heckdusche. Jetzt schäumt jedes Duschmittel oder Shampoo wie gewohnt. Zum Abspülen des Schaums springt

man einfach nochmals ins Wasser. Zurück an Bord spült ein weiterer Süßwasserguss das Salz von Haut und Haar – fertig!
Diese Prozedur kann man kurz vor dem Einlaufen in den Hafen veranstalten, und Crew und Skipper können wie aus dem Ei gepellt anlegen.

Flaschendusche

Nicht überall und in jedem Hafen gibt es einen Wasseranschluss, um den bordeigenen Wassertank regelmäßig nachfüllen zu können. Trotzdem möchten Skipper und Crew auf eine regelmäßige Süßwasserdusche nicht verzichten.

Extratipp

Mit einem Finger die Öffnung halb verschließen, spart noch mehr Wasser und verlängert des Duschgenuss.

In warmen Revieren ist dies überhaupt kein Problem, liegt doch der größte Swimmingpool der Welt vor der Badeleiter! Ein Manko hat er allerdings: Da ist nur Salzwasser drin, und dies gefällt manchen ganz und gar nicht. Zum Einsparen des wertvollen Süßwassers ist die Flaschendusche ideal. Leere Plastikwasserflaschen sind vielfältig verwendbar und können auch mit Leitungs- oder Tankwasser gefüllt werden und dienen dann als mobile Dusche. Das spart enorm viel Wasser. Gerade auch Chartercrews können sich mit diesem Trick ein wenig mehr Komfort an Bord holen. Statt sich nach dem Bad im Meer mit der Heckdusche und mit viel Süßwasser das restliche Salz von der Haut zu spülen verwendet man einfach die Flaschendusche.

Die Wasserflasche zum Nachduschen ist auch ein unentbehrliches Ausrüstungsteil bei einem Besuch am einsamen Strand ohne sonstige Duschmöglichkeit. Spätestens nach dem letzten Bad im Meer und vor dem Heimweg genießt man die Befreiung von den Salzkristallen.

Luken zu während der Dämmerung

Abends, nach dem Besuch der gemütlichen Taverne zurück an Bord, gibt es nicht Schöneres, als sich in die gemütliche Koje zu kuscheln und sanft zu entschlummern.

Ungemütlich wird es allerdings, wenn der abendliche Tau in die Plünnen gekrochen ist und sich das Bettzeug unangenehm klamm anfühlt. Das kommt daher, dass sich gegen Abend die aufgeheizte Luft abkühlt und die darin enthaltene Feuchtigkeit z. B. in Form von Abendwolken ausfällt. Auch an Bord schlägt sich diese Feuchtigkeit auf dem Deck als Tau nieder. Wenn die Dachluken nicht vor Beginn dieses Effektes geschlossen wurden, dann bekommen auch die darunter liegenden Kojen ihre Portion kondensierten Wasserdampf ab.
Darum: Vor dem Weggehen zum Abendessen die Dachluken schließen, und die Bettdecke bleibt schön trocken.

Unter dem Sonnensegel bleibt's trocken

Ein Sonnensegel oder auch ein fest installiertes Bimini-Top gehören zur Standardausrüstung der Yachten gerade in warmen Revieren.

Am Ankerplatz und im Hafen ist der Sonnenschutz schnell aufgebaut und spendet kühlenden Schatten. Ein Bimini kann sogar während des Segelns aufgebaut bleiben, sofern es nicht mit dem Großbaum kollidiert. Diese nützlichen Teile helfen auch bei einem Regenguss, so dass das Cockpit leidlich trocken bleibt.
Aber nicht nur das: Am frühen Abend, noch vor der Taubildung über dem Cockpit aufgespannt, verhindern diese Planen, dass sich der Tau auf den Sitzduchten niederschlägt. Und so kann die Crew »trockenen Popos« ihren Absacker an Bord einnehmen.

Rutschfeste Tischauflage

In Schränken und Schapps wirbelt so manches Zubehörteil umher, wenn die Yacht im Seegang auf und ab tanzt.

Was im Kofferraum im Auto recht ist, das verrichtet auch an Bord einer Segel- oder Motoryacht seinen Dienst: Der rutschfeste Kofferraum-Bodenbelag hält auch auf dem Boot so manches an seinem Platz.

Müllschlucker an Bord

Wer auf einem Törn unterwegs ist, produziert Müll in stattlicher Menge. Alle Lebensmittel und Getränke sind in vielerlei Verpackungen gehüllt, die entsorgt werden müssen. Und auch die echten Küchenabfälle müssen erst einmal gesammelt und anschließend an Land entsorgt werden.

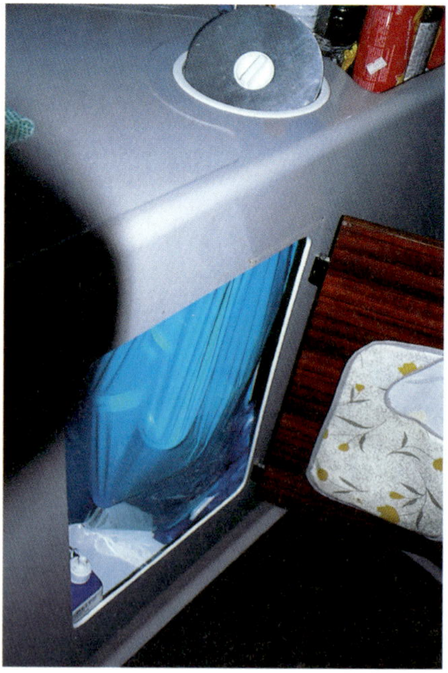

Meist ist der im Regelfall unter der Spüle angebrachte Mülleimer mit der Menge des Abfalls einfach überfordert. Aber: In große Mülltüten, wie sie im Supermarkt erhältlich sind, passt viel hinein. Nur, wo soll man sie auf einer Yacht unterbringen, damit anfallender Müll einfach reingekippt werden kann?
Eine solche Plastiktüte in ein Schapp zu stopfen, stellt keine Lösung dar. Denn es ist äußerst unpraktisch, wenn man jedes Mal die Schranktür öffnen muss, um zum Sammelbehälter zu gelangen. Und eine oben offene Mülltüte verteilt die diversen Düfte ihres Inhalts im gesamten Schiff!

Ein Müllschlucker schafft Abhilfe. Er besteht aus einer Einfüllöffnung, die möglichst in der Küchen-Arbeitsplatte integriert wird, einem geruchsdicht schließenden Deckel, einem untergehängten großvolumigen Müllsack und einem kräftigen Gummiring, der die Tüte am Einfüllstutzen fixiert.

Im einfachsten Fall kann das Einfüllrohr aus einem Stück eines dicken Kunststoff-Abwasserrohres bestehen, das mit einem Abschlussdeckel luftdicht verschlossen wird. Der Rohrstutzen wird in eine entsprechend große Öffnung in die Arbeitsplatte versenkt. Im Stauraum unter der Arbeitsfläche wird die Mülltüte, die wegen des Gewichts des Inhalts bis zum Boden reichen sollte, mit dem Gummiring stramm um das Rohr fixiert. Manche Werften bieten den Müllschlucker als Sonderzubehör an. Wichtig bei diesem Müllschlucker ist, dass die Tüte dicht am Einfüllstutzen anliegen kann, gegen Abrutschen gesichert ist und dass der Deckel gut schließt. So bleiben die üblen Gerüche im Sack.

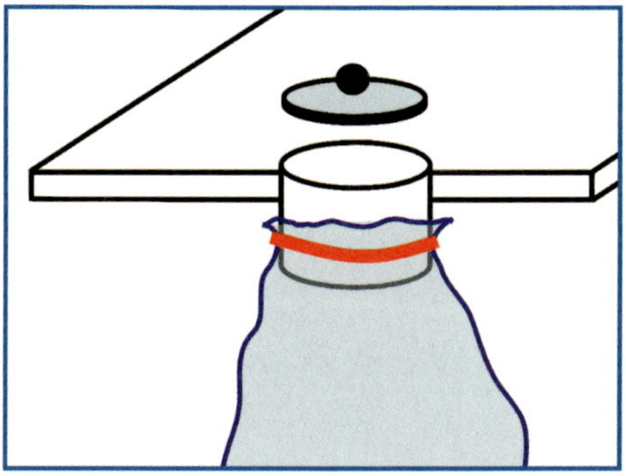

In Revieren, wo Mülltrennung möglich oder vorgeschrieben ist, können auch mehrere dieser Müllschlucker nebeneinander installiert werden.

Rund um den Anker

Ein Fall für die Ankerwache?

Müssen wir oder müssen wir nicht? Die Frage nach der Notwendigkeit einer Ankerwache stellt sich so mancher Skipper, wenn er bei unklarer Wind- und Wetterlage vor Anker liegt. Gerade bei kleiner Crew tragen langweilige Nachtwachen nicht gerade zur Stärkung von Moral und Fitness bei. Mein langjährig praktizierter einfacher Trick verhilft zu weitgehend ungestörter Nachtruhe.

Klappernde Fallen im Hafen kennt jeder Segler. Störend sind diese Geräusche, nervtötend und schlafraubend. Aber was, wenn man das eigene Großfall so »einstellt«, dass es bei Flaute, leichtem Seegang und mäßigem Wind ruhig und brav bleibt und erst, sagen wir mal, bei 5 Beaufort seinen ruhestörenden Klapperdienst beginnt? Das Fall wird hierzu etwas vom Mast abgespannt und mehr oder weniger kräftig durchgesetzt. Abstand und Spannung sind durch Tests bei entsprechenden Windstärken zu ermitteln. Jedes Rigg verhält sich anders.
Die Folge dieser Maßnahme ist, dass sich Skipper und Crew den verdienten Schlaf bei ruhiger Wetterlage gönnen

können. Wenn der Wind dann doch auffrischt und ein Kontrollblick nötig wird, dann erst beginnt das Großfall seine Weckarbeit und scheucht den Schiffer an Deck. Jetzt kann er sich entscheiden, ob eine permanente Ankerwache notwendig ist.
Selbstverständlich wird sich ein fürsorglicher Skipper alle 1 bis 2 Stunden seinen Wecker stellen und eine kurze Kontrolle durchführen. Aber dank des »Falls für die Ankerwache« bekommt auch er seinen Schönheitsschlaf.

Hält der Anker oder hält er nicht?

Diese Frage stellt sich gerade dem wenig geübten, aber verantwortungsbewussten Skipper bei jedem Ankermanöver. Dabei wird das sichere Ankern bei Beachtung einiger weniger Tipps zum Kinderspiel.

Regeln zum Ankern:

1. Beim freien Ankern den Ankerplatz genau gegen den Wind anfahren.
2. Bei Seitenwind beim Anlegen vor Buganker mit zwei Achterleinen zur Pier – wie es im Mittelmeer üblich ist: Den Anker leicht in Luv des Liegeplatzes fallen lassen, aber nicht über die Ketten der Nachbarn legen!
3. Die Kette darf nicht auf das Eisen fallen. Vermeidung: Zuerst ein Stück über die beabsichtigte Position des Ankers hinausfahren, die Yacht dann langsam rückwärts setzen und während der Fahrt das Ankergeschirr fallen lassen. So legen sich Anker und Kette fein säuberlich in einer geraden Linie vor den Bug.
4. Ist dann genügend Kette ausgebracht (ich stecke nach Möglichkeit alles, was ich habe, denn die elektrische Ankerwinsch holt das Gewicht brav wieder ein), dann ist das Manöver noch nicht beendet: Noch liegt der Anker lose auf dem Grund – er muss noch eingegraben werden.
5. Der Rudergänger lässt das Boot erst einmal in den Wind auspendeln, dann legt er den Rückwärtsgang

ein und erhöht langsam und vorsichtig (!) die Drehzahl bis etwa zur Marschfahrt-Drehzahl. Gleichzeitig peilt er querab über zwei möglichst weit auseinander liegende Landmarken, ob sich das Schiff noch bewegt. Mit dem Motor simuliert er dem Ankergeschirr kräftigen Winddruck. Wenn jetzt die Yacht unverrückbar auf der Stelle bleibt, die Peilung also steht, dann kann der Schiffer recht beruhigt seinen Manöverschluck genießen.

Anker richtig einfahren

Gerade beim Anlegen vor Buganker und mit dem Heck zur Pier, wie es im Mittelmeer regelmäßig praktiziert wird, achten Skipper und Crew viel zu wenig auf guten Sitz ihres Ankers. Das Anlegemanöver wird gefahren, und dann wartet schon der Anlegeschluck auf Crew und Schiffer.

Das Problem beginnt schon mit der elektrischen Ankerwinsch, die das Eisen nur sehr langsam zum Grund sinken lässt, so dass meist viel zu wenig Ankerkette gesteckt wird. Und dann wird der Anker zwar mit der Winsch etwas dichtgeholt, aber nicht weiter beobachtet.
Wenn die Kette beim Anholen schön stramm schräg nach vorne zeigt und bereits nach kurzer Zeit mehr nach unten hängt, so ist das ein sicheres Zeichen, dass sich entweder die Kette gestreckt hat oder der Anker nachgerutscht ist. Sollte dies auch bei mehrmaligem Dichtholen immer wieder passieren, ist es angebracht, das komplette Anlegemanöver zu wiederholen und das Eisen weit vor der Pier erneut und diesmal fest eingegraben zu platzieren.
Nicht geeignet ist die oftmals gesehene Methode, bei der der Skipper vorne am Bug wippend auf die Ankerkette tritt oder versucht, mit der Hand etwas an der Kette zu ziehen und sich dann mit wissendem und zufriedenem Gesichtsausdruck zu seiner Crew dreht und erklärt, dass der Anker jetzt halte.

Fluch und Segen der elektrischen Ankerwinsch

Praktisch ist so ein Ding ja: Einfach Pfeil rauf oder Pfeil runter an der Fernbedienung drücken, der Elektroantrieb pariert, und Anker und Kette fügen sich. Vorausgesetzt, dass der Skipper den Schalter bzw. die Sicherung für die Winsch an ihrem oft versteckten Platz gefunden und eingeschaltet hat. Trotzdem: Gerade im Mittelmeer, wo in aller Regel römisch-katholisch, also mit Buganker und Heck zur Mauer angelegt wird, ist gerade die so praktische elektrische Ankerwinsch ein Sicherheitsrisiko. Warum?: Ganz einfach, weil sie die Kette zu langsam ins Wasser bringt.

Das Problem liegt darin begründet, dass der Anker auf den Platz fallen muss, den der Schiffer dafür vorgesehen hat. Leichter gesagt als getan, wenn das Boot, wie bei vielen modernen Charteryachten üblich, über eine elektrische Ankerwinsch mit »up« und »down« verfügt, denn: Eine handelsübliche Winsch hat eine Förderleistung von z. B. 0,4 Meter Kette pro Sekunde. Das heißt: Gibt der Skipper das Kommando »Anker fallen«, dann benötigt das Eisen bei, sagen wir mal, 10 Metern Wassertiefe satte 25 Sekunden, bis es den Grund zum ersten Mal berührt! Bis dahin ist eine langsam achteraus fahrende Yacht schon fast an der Kaimauer, der Anker liegt unmittelbar vor dem Bug!
Abhilfe schafft hier entweder ein früheres Kommandogeben, was aber nur grob geschätzt werden kann und wobei die Kette dann eventuell um ein paar Meter zu kurz ist. Oder es hilft ein kurzes Aufstoppen der Yacht, bis das Eisen auf Grund ist. Bei dieser Version liegt aber oft ein ganzer Haufen Kette auf dem Anker. Ferner hat der Rudergänger alle Mühe, das Schiff aus dem Stillstand – vielleicht noch bei Seitenwind – rückwärts an den gewünschten Liegeplatz zu rangieren.
Die Lösung ist, dass der Mann am Rohr die Yacht in langsamer Rückwartsfahrt in Richtung Liegeplatz bewegt. Der Vorschiffsmann an der Ankerwinsch wirft die Stern-

mutter auf des Schiffers Kommando hin los. Das Ankergeschirr rauscht dann schnell und fast punktgenau an der gewünschten Stelle zum Meeresgrund. Wird dann im weiteren Manöververlauf die Kette mittels der Bremse an der Winsch maßvoll gefiert, kann die Stabilisierungswirkung der leicht gestrafften Ankerkette genutzt und der avisierte Liegeplatz exakt angefahren werden.

Fernstart für den Anker – Ankern für Einhandsegler

Wer schon mal alleine unterwegs war, kennt sicherlich das Problem mit dem Ankern und der Ankerbedienung. Glücklich ist der, der eine elektrische Ankerwinsch mit Vor- und Rückwärtsgang sein eigen nennt, die auch noch vom Cockpit aus bedient werden kann. Aber die meisten Schiffer werden solch ein edles Teil nicht an Bord haben.

Glücklicherweise geht es auch anders – mit einem Fernstart, einer Art Fernauslösung für den Anker. Für dieses Manövers benötigen wir eine dünne Sorgleine, die bis ins Cockpit reichen muss. Durch den Schäkel am Anker – oder durch die Kette – wird die Leine etwa einen Meter vom einen Ende entfernt durchgeschoben. Mit dem kurzen Ende und mit dem durchgesteckten (doppelten) Leinenstück wird ein halber Schlag geknotet. Dann wird der Anker wie üblich über die Bugrolle gehängt, damit er mit seinem Gewicht beim Fallen die Kette aus dem Kettenkasten zieht.

Das kurze Leinenende wird zum Beispiel an einer Bugklampe belegt. An dieser Leine hängt jetzt das gesamte Ankergewicht – die Kette liegt lose und zum Ausrauschen bereit.

Jetzt kann der Ankerplatz angefahren werden, und zum rechten Zeitpunkt zieht der Skipper an der Sorgleine im Cockpit, der halbe Schlag auf Slip löst sich vom Anker und das Eisen rauscht in die Tiefe!

So kann auch ein Einhandsegler (oder der Skipper mit Anfängercrew) sein Ankermanöver ohne stressiges Umherhüpfen zwischen Ankerkasten und Steuerplatz elegant durchführen.

Ankerwache mit zweitem Anker

Der Schlaf von Skipper und Crew ist unantastbar! So möchten es viele Wassersportler gerne haben. Doch gerade beim Liegen vor Anker ist diese Forderung nicht immer durchführbar. Manchmal ist die Wetterlage nicht so ruhig, dass die Yacht ohne Ankerwache auskommt.

Ein »Wecker« bei slippendem Anker ist eine feine Sache und kann leicht hergestellt werden: Das Ankermanöver wird wie üblich gefahren, also Bug in den Wind, langsame Fahrt rückwärts und runter mit dem Ankergeschirr. Parallel hierzu wird ein kleiner Klappdraggen an einer separaten Leine mit auf den Grund gelassen. Die Ankerkette wird jetzt auf die gewünschte Länge gesteckt und der Anker mit der Maschine eingegraben. Das Ende der zweiten Leine belegt man an Bord. Sie soll schön lose hängen und keinen Zug haben. An diese lose Leine knotet man einen Eimer, der an Deck gestellt wird. Und in den Eimer kommen Steine, Schuhe, oder was man gerade an Bord hat. Position und Inhalt richten sich nach der Tiefe des Schlafes der Mannschaft.
Denn wenn der Hauptanker slippt und die Yacht abtreibt, dann spannt sich die Leine des kleinen Zweitankers und bringt den Eimer zum Herunter- und/oder Umfallen. Je nach Inhalt und Fallhöhe erzeugt dies einen Höllenlärm, so dass die Crew sofort aus dem seligen Tiefschlaf gerissen wird.

Ruhig vor Anker liegen

Einige Yachten können es einfach nicht lassen: Vor Anker liegend, schwänzeln sie ständig hin und her und segeln an der Ankerkette von einer Seite zur anderen. Manche sogar so stark, dass man mit dem Beiboot Mühe hat, sie nach dem

Landgang wieder einzufangen – ein regelrechtes Hasch-mich-Spielchen.

Das ist für die Crew an Bord schon unangenehm genug. Auf einem vielbesuchten Ankerplatz, wenn die Boote dicht an dicht vor Anker liegen, wird es richtiggehend

gefährlich! Kollisionen mit anderen, ruhig liegenden Yachten sind nicht auszuschließen.
Manche Ketsch lässt sich bändigen, in dem das gereffte Besansegel mittschiffs dichtgeholt wird. Diese Maßnahme stabilisiert den Bootsrumpf im Wind, und das Pendeln hört auf.
Bei einer Slup kann eine Anleihe aus dem Lager der Mehrrumpfboote zum Erfolg führen: Auf Kats wird, ebenfalls wegen der Pendelei, eine Hahnepot an die Ankerkette geschäkelt. Die beiden Enden einer, je nach Bootsgröße zwischen etwa 6 und 10 Meter langen Leine werden an den beiden Bugklampen belegt. Genau die Mitte dieser Leine wird an die Kette geschäkelt und diese dann soweit gefiert, dass die Ankerkette entlastet ist und der Zug an der Hahnepot liegt. Dies verlegt den Gesamt-Drehpunkt des Schiffes um einige Meter weiter nach vorne und vermindert dadurch das unkontrollierte »Schwänzeln«.
Auch bei Kielyachten kann diese Methode wirksam sein. Die Länge der Leine und eventuell auch ihre optimalen Angriffspunkte an Bord können von Schiff zu Schiff unterschiedlich sein. Ausprobieren!

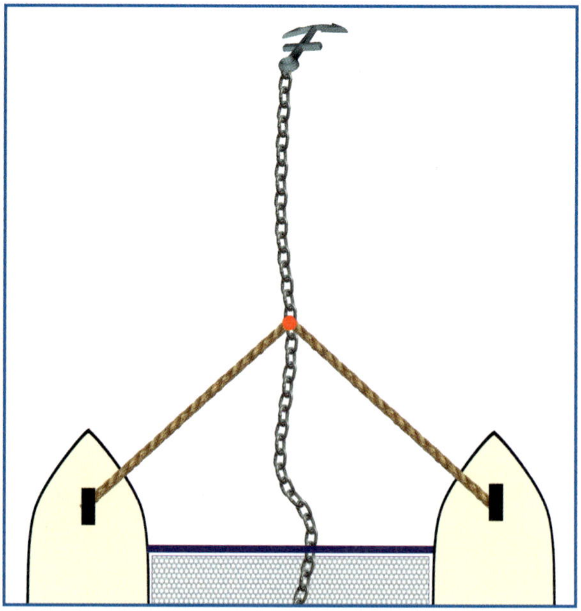

Eine weitere Möglichkeit, eine ankernde Yacht ruhig zu stellen, wenn die Einfallswinkel von Wind und Welle unterschiedlich sind, ist: 5 bis 10 Meter vor dem Bug wird eine Leine an der Ankerkette angeschäkelt. Das andere Ende wird mehr oder weniger lang auf der Heckklampe belegt. Mit dieser Hahnepot kann das Boot schräg zum Wind gelegt werden. Das macht Sinn, wenn der Bug in Richtung der Welle gedreht wird, denn dann lässt das Schaukeln gegenüber der vorher schräg unter dem Rumpf durchgelaufenen Welle spürbar nach, und die Crew kann deutlich ruhiger schlafen.

Spezialhaken zum Anker-Klarieren

Der Anker stellt in südlichen Revieren und in Übersee das meist gebrauchte Festmachemittel dar. Anders als an der Ostsee zum Beispiel wird dort nicht nur oft in Buchten zum Baden und Übernachten frei geankert, sondern in den Häfen ist das »römisch-katholische« Anlegen mit Buganker und Heckleinen gang und gäbe.

Somit ist auch der Ankersalat so gut wie vorprogrammiert, denn nicht jeder setzt seinen Haken genau im rechten Winkel zu seinem beabsichtigten Liegeplatz – die Ankerketten liegen kreuz und quer übereinander. Morgens beim Auslaufen mühen sich dann die Crews trotz elektrischer Ankerwinschen auf vielen Yachten, um die schweren Ankergeschirre hoch zu hieven, damit man sie auseinander sortieren kann. Bis hoch aufs Deck werden sie die Wuhling des Gewichtes kaum schaffen. Auch die stramm gespannten Ankerketten erschweren das Hochholen erheblich.
Aber immerhin so hoch lässt sich das Durcheinander bringen, bis das Schlamassel im Wasser zu sehen ist.
Jetzt kommt der Spezialhaken zum Einsatz. Dieser Haken hat eine Besonderheit: An ihm sind gleich zwei Leinen befestigt. Die eine, um den Haken abzulassen, bis er die fremde Kette von unten fassen kann. Die erste Leine wird strammgezogen und an Bord belegt. Nun fiert man die eigene Ankerkette, bis der eigene Anker von der fremden Kette frei kommt. Die fremde Kette hängt jetzt mit ihrem Gewicht im Kettenfanghaken.

Übrigens

Der Kettenfanghaken lässt sich von einem geübten Heimwerker leicht selbst herstellen. Zwei zusammengeschweißte und durchbohrte Flacheisen sind alles, was man braucht.

Der eigene Anker wird an Deck geholt oder zumindest wird er von der anderen Kette gut frei gehalten. Ein kräftiger Zug an der bislang losen zweiten Leine am Spezialhaken kippt diesen so, dass die fremde Ankerkette rausrutscht und zum Grund sinkt. Die Yacht ist frei und kann auslaufen, ohne dass sich die Crew übermäßig abmühen musste!
Ein ungutes Gefühl hat wohl jeder Skipper der weiß, dass eine andere Kette über seinem Anker liegt, denn, wenn im Notfall ein »Alarmstart« nötig ist, dann muss erst das Kettenchaos beseitigt werden – dann allerdings unter verschärften Umständen, wie z. B. Sturmböen und Regen! Leicht gerät die Yacht dann manövrierunfähig außer Kontrolle, und Schäden sind vorprogrammiert.
Deshalb ist es hilfreich, wenn der Skipper seinem zukünftigen Nachbarn beim Ankermanöver die Lage des eigenen Ankergeschirrs signalisiert. Leider ignorieren nicht gerade wenige Schiffer solche Hilfsgesten und legen ihre Kette auch mal diagonal über drei oder vier Nachbaranker. So ist für Vollbeschäftigung im Hafen gesorgt.

Strom und Elektronik

Batterieüberwachung – digital und preiswert

Der Zubehörmarkt bietet eine ganze Reihe von funktionierenden Lösungen, um den Ladezustand der Bordbatterien zu überwachen. Meist reißt die Anschaffung eines solchen Gerätes allerdings ein ordentliches Loch in die Bordkasse.

Durch eine günstige physikalische Eigenschaft von Bleiakkumulatoren lässt sich eine praktikable Überwachung des Ladezustandes der Batterien auch für weniger als Euro 10,– bewerkstelligen.
Eine voll geladene Bleibatterie wird ohne Last eine Spannung von etwa 12,7 Volt haben. Bei einer leeren werden nur noch etwa 11,6 Volt angezeigt. Unsere Aufgabe ist es nun, ein geeignetes und hoch auflösendes Voltmeter zu finden. Der Elektronik-Fachhandel für Bauteile bietet Digital-Voltmeter mit einer Anzeige von zwei Stellen hinter dem Komma für wenig Geld an. Eingebaut wird das Instrument am Besten an der Instrumententafel. Ist hier bereits ein (ein-

faches) Instrument vorhanden, so braucht das neue lediglich gegen das alte getauscht zu werden. An die vorhandenen Anschlüsse wird das neue Gerät geklemmt.
Ist kein Voltmeter vorhanden, so muss man sich die Plus- und Minus-Leitungen von Starter- und Verbraucherbatterie suchen und dort das Messgerät anschließen. In beiden Fällen eine Sache von wenig Zeitaufwand, die auch von Nicht-Elektrikern durchführbar ist, denn hier handelt es sich ausschließlich um ungefährlichen Schwachstrom. Sollen mehrere Batteriekreise mit nur einem Voltmeter überwacht werden so empfiehlt sich der Einbau eines kleinen Umschalters, damit die einzelnen Stromspeicher einzeln abgefragt werden können.
Baut man für jeden Batteriekreis ein separates Digital-Voltmeter ein, so hat man alles auf einmal im Blick. Wenn jetzt die Batterie von der Lichtmaschine des Antriebsmotors oder vom Ladegerät geladen wird, werden allerdings etwas andere Werte angezeigt: War der Akku ziemlich leer und der Ladevorgang hat gerade begonnen, so werden etwas mehr als 13 Volt angezeigt, mit steigender Tendenz, je weiter der Ladevorgang fortschreitet. Bei spätestens 14,4 Volt ist jedoch Schluss und die sogenannte Gasungsspannung erreicht.
Sollte bei Ihrer Anzeige dieser Wert nicht erreicht werden, so liegt das meist an Leitungsverlusten, also am Spannungsabfall in einer längeren Zuleitung. Macht aber nichts, denn allein der relative Wert an unserem Voltmeter gibt schon Auskunft über die Batterie-Verfassung. Direkt an der Batterie gemessen, sollten allerdings ca. 14,4 Volt bei angeschlossenem Ladegerät bzw. ca. 12,7 Volt als Ruhespannung im vollgeladenen Zustand messbar sein.
Diese 10-Euro-Version der Batterie-Überwachung stellt sicherlich nicht die höchsten Ansprüche an Genauigkeit, aber der generelle Batteriezustand lässt sich damit gut erkennen.

Landstrom-Kontrolle

Die meisten Marinas sind mit Stromanschlüssen ausgestattet. Auch viele Yachten verfügen über einen Landanschluss für 220 Volt. Damit lassen sich Heimwerkermaschinen, der Kühlschrank und viele andere Annehmlichkeiten betreiben.

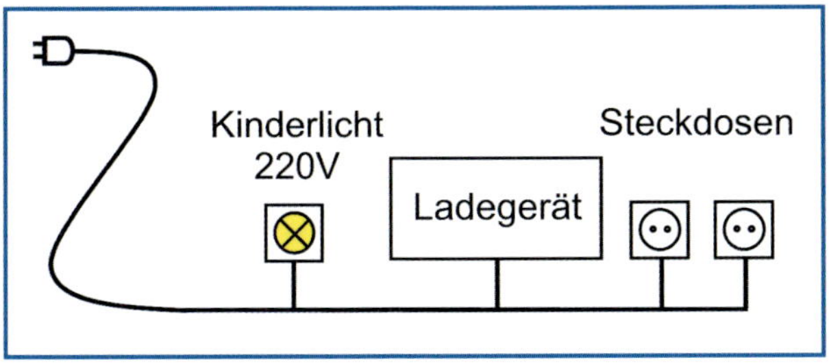

Nur: Nicht immer ist auch Strom drin, wo Strom drin sein sollte! Manchmal wurde der Saft vom Hafenmeister abgedreht, die Sicherung ist rausgeflogen oder die Zapfsäule ist gar nicht in Betrieb. Der Skipper hat dann die erquickliche Aufgabe, mehrmals zwischen der Steckdose am Steg und dem Schiffskeller – weil nur dort am Ladegerät eine Kontrolllampe für 220 Volt vorhanden ist – hin und her zu flitzen. Immer wieder wird der Stecker gecheckt und dann wieder nachgesehen… das ist umständlich.

Der Griff zum Phasenprüfer oder zum Messgerät schafft zwar endlich Klarheit, ist aber wiederum mit Aufwand verbunden.

Ebenso simpel wie preiswert ist die Anschaffung eines kleinen Nachtlichtes, wie es auch im Kinderzimmer verwendet wird. Diese schwachen Leuchten können direkt in eine Steckdose gesteckt werden – ohne Verkabelungsaufwand.

Gibt es an Bord eine 220-Volt-Steckdose, die auch vom Steg aus eingesehen werden kann, dann ist dies der ideale Platz dafür. Das Nachtlicht wird eingesteckt und verbleibt dort auf Dauer. Geht jetzt der Skipper mit seinem Stromkabel zur Zapfsäule, so kann er bereits am Steg mit einem Blick auf das Lämpchen sehen, ob der Saft an Bord gelangt. Das mühsame Hin und Her bleibt ihm erspart.

Extratipp

Die Stromaufnahme des Ventilators muss weniger oder maximal gleich groß der Stromabgabe des Spannungsteilers sein. Auf dem jeweiligen Gehäuse steht's drauf.

Immer der richtige Dreh – Ventilator mit Drehzahlregelung

Ein kleiner Ventilator, wie er sonst oft im Auto gebraucht wird, ist auch an Bord einer Yacht ein willkommener Frischluftbringer. Manchmal fördert er sogar fast zu viel Luft, oder er ist unerträglich laut beim Betrieb.

Im Zubehörhandel gibt es preiswerte Spannungsteiler zum Anschluss von elektrischen Kleingeräten, die weniger als 12 Volt Versorgungsspannung benötigen. Diese Geräte reduzieren die 12 Volt Bordspannung auf umschaltbare 1,5 Volt, 3 Volt, 4,5 Volt, 6 Volt, 7,5 und 9 Volt. Hier lässt sich auch der Autoventilator anstecken. Je nach gewählter niedriger Spannung wird auch der Luftquirl entsprechend langsam – und auch leiser – laufen.

Farbkodierung der Elektrokabel

Jeder Eigner kommt irgendwann in die Verlegenheit, dass an der Elektroverkabelung an Bord eine Änderung oder ein Zusatz zu machen ist.

Dann wird oft munter drauf los geschraubt, als seien die VDE-Vorschriften nicht existent. Das kann lebensgefährlich sein! Arbeiten am 220-Volt-Netz sind nur von Fachleuten auszuführen. Auch unsachgemäßes Verkabeln im 12-Volt-Netz kann zu Schäden am Schiff führen: Elektrolyse zerstört Metallteile an Bord (z. B. Motor), und ein Kurzschluss kann die ganze Yacht abfackeln.

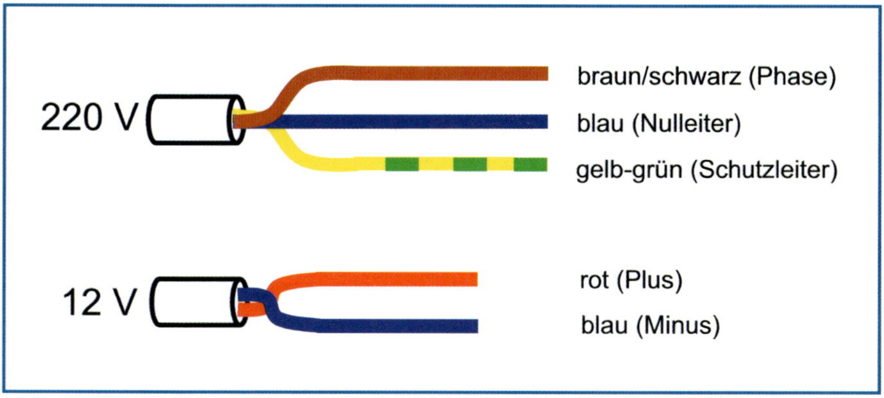

Die Fachliteratur über Elektrik an Bord ist umfangreich. Hier sei wenigstens auf die vorgeschriebenen Farbcodes bei den Elektrokabeln hingewiesen: Bei den Steuerkabeln für den Motor und für andere Aggregate, wie Autopilot, Windmesser etc., werden herstellereigene Farben für die Anschlussdrähte benutzt – manchmal auch Nummerierungen.

All dies geht aus dem Verkabelungsplan der Yacht oder des entsprechenden Aggregates hervor.

Grundsätzlich aber werden in Deutschland bei 220 Volt und bei Drehstrom-Anlagen die Farben schwarz und braun für die Phasen verwendet (als Phase wird derjenige Draht bezeichnet, bei dem der Phasenprüfer aufleuchtet). Blau ist für den Nulleiter reserviert, und der gelb-grüne Draht bezeichnet den Schutzleiter, der geerdet wird.

Bei 12- oder 24-Volt-Anlagen bezeichnet rot die Plus- und blau die Minusleitung. Kabel mit solchen Leiterfarben finden Verwendung beim Anschluss von allen elektrischen Verbrauchern.

Die kleine Solarzelle am Dach

Strom aus der Sonnenenergie ist schon eine feine Sache: Umweltfreundlich und geräuschlos füllen Solarzellen die Batterien. Allerdings sind sie in der Anschaffung sehr teuer, und sie benötigen viel Platz am Schiff, natürlich gerade da, wo sich die Sonnenhungrigen am liebsten zum Sonnenbad aufhalten.

Auf ständig bewohnten Fahrtenyachten, die sich oft längere Zeit an einem Liegeplatz aufhalten, stellt ein entsprechend großes Solarpaneel an Deck eine ideale Energiequelle dar. Aber bei Yachten, die entweder täglich bewegt werden oder während der Woche ungenutzt am Steg liegen, reicht auch eine kleine Solaranlage völlig aus.

Wird täglich gefahren und somit auch die Maschine in Betrieb genommen, so ist die Stromversorgung aus der Lichtmaschine, welche die Bordbatterie auflädt, kein Problem. Und bei wenig bewegten Yachten genügt eine kleine Solarzelle, um während der Woche den Batterie-

satz langsam aufzuladen. Am Wochenende stehen dann volle Akkus zur Verfügung. Meist wird bereits eine kleine Solaranlage mit 10 oder 20 Watt Leistung genügen, um nicht nur die Erhaltungsladung der Batterien zu gewährleisten, sondern damit diese Anlage die Bordstromspeicher auch tatsächlich noch zusätzlich auflädt. Dass solch eine kleine Anlage recht günstig zu haben ist, erfreut zudem den Geldbeutel des Eigners.

Blendfreie Cockpitbeleuchtung

Wie gerne sitzt die Crew an lauen Sommerabenden im Cockpit und beschließt den vergangenen Segeltag. Eine stimmungsvolle Beleuchtung kann von einer aufgehängten oder auf den Tisch gestellten Lampe kommen, die mit Strom, Petroleum oder Wachs betrieben wird. Schade nur, dass all diese Leuchtgeräte extra geholt und aufgestellt bzw. montiert werden müssen und dass sie blenden.

Der Caravan-Zubehörmarkt bietet eine preiswerte und blendfreie Lösung an: Die Kennzeichen-Beleuchtung von Wohnwagen! Diese kleine Leuchte ist mit einer 10-Watt-Glühlampe ausgestattet. Das ist genug Licht zum Lesen und für die fröhliche Runde. Das Gehäuse besteht aus rostfreiem Material, das in unseren Breiten auch dem Streusalz auf den Straßen widersteht, also auch dem Seewasser. Der Rest ist Kunststoff – Kostenpunkt etwa 5 Euro pro Stück.

Diese Kennzeichenleuchte wird einzeln oder zu mehreren mit dem Lichtaustritt nach unten an geeigneter Stelle im Cockpit montiert. Das indirekte Licht erhellt die Umgebung, ohne direkt in die Augen zu fallen.

Auch unter Deck und sogar bei Nachtfahrten haben sich diese blendfreien Lampen bestens bewährt.

12 Volt und Co. an Bord

Üblicherweise beträgt die Versorgungsspannung auf Yachten 12 Volt, genau wie im Auto. Aber die werksseitig eingebauten Steckdosen reichen für zusätzliche Geräte nicht aus, und auch der Charterer bringt elektrische Kleingeräte wie Handy-Autoladegerät, GPS oder Weltempfänger in seinem Seesack mit auf das Charterboot. Eigner wie Charterer müssen für zusätzliche Steckdosen sorgen.

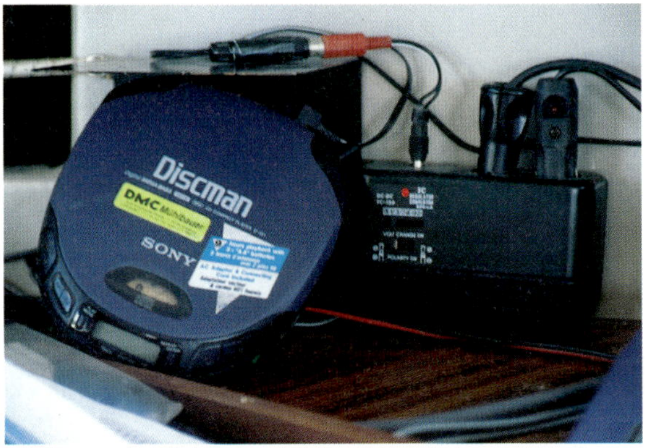

Auch hier wird man im Automobil-Zubehörhandel fündig. Mehrfachsteckdosen für die »Aufputz-Montage« gibt es für Pkws und auch für Caravans und Wohnmobile in verschiedenen Ausführungen und mit unterschiedlicher Anzahl an Zapfstellen. Meist sind diese Mehrfachstecker mit Anschlüssen für den Zigarettenanzünder ausgerüstet. Aber auch für den klassischen 12-Volt-Stecker gibt es Zubehör. An diese praktischen schwarzen Kästchen lassen sich alle zusätzlichen 12-Volt-Verbraucher anschließen. Sogar mehrere dieser Mehrfachstecker lassen sich kaskadieren.

Einige wenige dieser Geräte bieten noch eine Besonderheit: An einer extra Buchse lassen sich auch kleinere Spannungen zwischen 1,5 und 12 Volt in schaltbaren 1,5-Volt-Schritten für Kleingeräte entnehmen. Es können also tragbare Kassettenrecorder, CD-Player oder Weltempfänger mit Versorgungsspannungen von z. B. 3 oder 6 Volt direkt angestöpselt werden.

Diese Mehrfachsteckdosen müssen ihren Saft natürlich auch irgendwoher bekommen. Man kann sie natürlich an einer vorhandenen 12-Volt-Steckdose anstecken. An der elektrischen Hauptverteilung lässt sie sich auch nach einer Sicherung an den Stromkreis der übrigen Elektro-

verbraucher anklemmen. Für den Charterer bietet sich folgendes an: Ein Verlängerungskabel, das an einem Ende mit Batterieklemmen versehen ist, in der Mitte über eine fliegende Sicherung verfügt und am anderen Ende eine Zigarettenanzünder-Steckdose hat.
Die Batterieklemmen werden polrichtig an der Versorgungsbatterie angeklemmt, und der Anschluss des Mehrfachsteckers kommt in die Zigarettendose. So lässt sich in Minutenschnelle auch auf dem Charterschiff der persönliche Elektro-Anschluss herstellen.

Das Großraumbüro an Bord

Elektronische Geräte sind inzwischen auf Yachten nicht mehr wegzudenken. Notebook, Drucker und weitere Peripheriegeräte holen das Wetter an Bord, helfen bei der Navigation und schreiben das Logbuch.

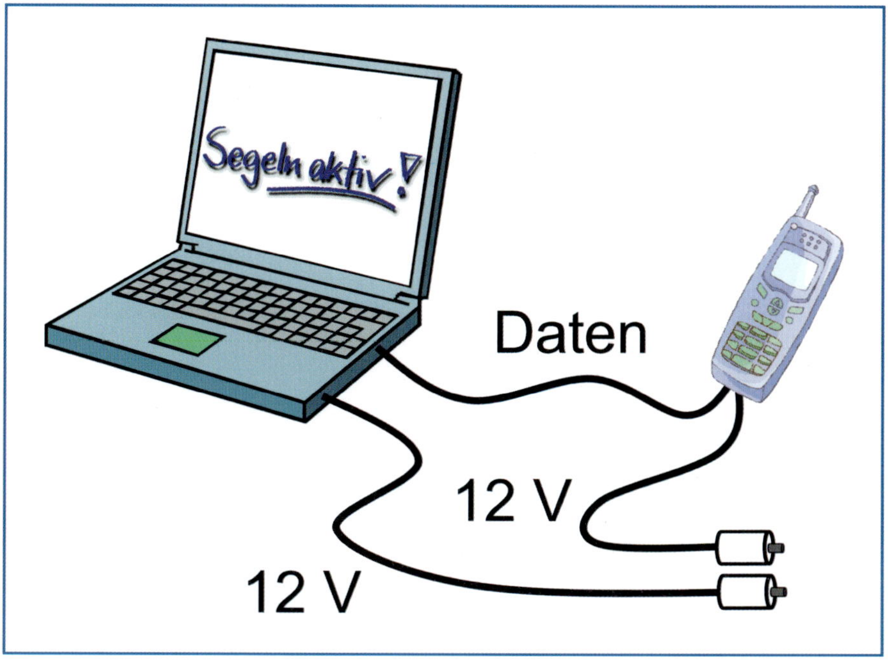

Mancher Wassersportler verlegt sogar einen Teil seiner Büroarbeit vom stickigen Kämmerlein an die frische Seeluft und arbeitet an Bord. Hierbei helfen ihm die üblichen Bürogeräte wie Computer, Drucker, Scanner und externe Speichermedien. Mit dem Handy wird die nötige Schiff-Land-Verbindung per Telefon, Fax, Mail und Internet hergestellt. Alle Geräte sind einfach miteinander zu vernetzen, aber bei der Stromversorgung gibt es Probleme mit den unterschiedlichen Versorgungsspannungen.

Ein Wechselrichter, der die übliche Bordspannung von 12 Volt Gleichstrom auf »bürogemäße« 220 Volt Wechselspannung wandelt, ist schnell angeschafft und funktioniert problemlos. Allerdings sind diejenigen Geräte, die zum Anschluss der empfindlichen Elektronik geeignet sind, recht teuer. Auch der Wirkungsgrad lässt zu wünschen übrig, so dass ein Wechselrichter nur bei großzügiger Batteriekapazität anzuraten ist.

Ein benzin- oder dieselbetriebenes Stromaggregat erzeugt genug Strom, macht aber auch Lärm.

Glücklicherweise gibt es für Notebooks und Handys praktische Auto-Ladegeräte, die einen direkten Anschluss an das 12-Volt-Bordnetz erlauben. Auch manche Tintenstrahldrucker, ja sogar Scanner, kommen mit 12 Volt aus und verfügen über eine entsprechende Anschlussbuchse. Sonstige Peripheriegeräte wie ZIP-Laufwerke und externe CD-ROMs und CD-Brenner benötigen oft nur eine Spannung von wenigen Volt und können über einen schaltbaren Spannungsteiler, wie er im Auto-Zubehörhandel zum Anschluss von Kleingeräten zu haben ist, problemlos angeschlossen werden.

Welche Spannung benötigt wird und wie der Stecker gepolt sein muss, steht gleich neben der Strombuchse auf dem Gerätegehäuse.

Als Indiz bei der Suche nach bordtauglichen Geräten ist ein externes Steckernetzteil, das normalerweise die Stromversorgung am heimischen 220-Volt-Stromnetz übernimmt, ein willkommener Blickfang. Ist ein solches externes Netzteil vorhanden, so kann auch anhand dessen Typenschild mit den technischen Daten ermittelt werden, welchen Saft das zugehörige Gerät benötigt. Anstatt dieses Stecker-Netzteiles kann dann der entsprechende Anschluss an das Bordnetz erfolgen.

Kommunikation – Notebook und Handy an Bord

Der Einzug moderner Kommunikationselektronik auf den Yachten ist voll im Gange. Begnügt sich der eine mit einem Handy, stattet sich der andere mit hochsensiblen und teuren Geräten aus, um Telefon, Fax und Internet weltweit via Satellit an Bord zu holen.

Für den Gebrauch in Küstennähe – also etwa so weit, wie auch das normale UKW-Funkgerät funktioniert – reichen ein Handy und ein Notebook mit dem entsprechenden Verbindungskabel, einem Modem und der passenden Software aus. Je nach Mobil-Telefon-Anbieter klappt dies auch im Ausland. Mit dem »Roaming-Verfahren« bucht sich das Handy in viele ausländische Telefonnetze ein. Somit funktionieren Telefon und Fax problemlos, wenn auch mit entsprechenden zusätzlichen Kosten für die Nutzung des fremden Netzes.

Beim Zugang für Internet und Email sieht es etwas anders aus: Grundsätzlich kann man natürlich die heimische Einwahlnummer benutzen, um online zu gehen, was aber wieder mit den entsprechend hohen Gebühren verbunden ist. Alternativ bietet z. B. AOL sein so genanntes Global-

Net an. Hier gibt es in sehr vielen Städten der Welt spezielle Einwahlnummern, so dass man mit einem Inlandsgespräch auch günstigere Gebühren erhält. Die Übertragungsgeschwindigkeit ist derzeit noch recht langsam, aber die Netzbetreiber arbeiten fieberhaft daran, um auch beim Mobilfunk eine passable Übertragungsrate zu bekommen.

Alle handelsüblichen Handys können mit an Bord genommen werden. Das 12-Volt-Zigarettenanzünder-Kabel liefert den Strom.

Als Geräte kommen natürlich die (teuren) wasserfesten Notebooks in Frage, aber auch mit ganz »normalen« Notebooks klappt es wunderbar. Allerdings sollte das Gerät ständig angeschaltet bleiben, damit der Prozessor und damit das Computer-Innere stets schön warm bleiben. Dies gibt hoher Luftfeuchtigkeit oder gar Kondenswasserbildung keine Chance, und das Notebook an Bord erfreut sich eines langen Lebens.

Telefon + Fax + Internet

Erreichbar sein – überall und rund um die Uhr – und alle Informationen jederzeit zur Hand haben, das gilt auch für die Wassersportler, die mit Segel- und Motoryachten unterwegs sind. Handy sei Dank, dass sie jetzt auch von Bord aus telefonieren können – mit der Firma, der Familie, oder auch mit Tante Trude auf ein Schwätzchen.

In vielen Ländern rund um den Globus können Segler per Mobiltelefon erreicht werden. Die Zusatzgebühren für die Nutzung der ausländischen Netze sind unterschiedlich hoch, aber meist doch ziemlich hoch!

An Bord verbessert eine spezielle, zusätzlich im Masttop angebrachte

D-Netz-Antenne die Sende- und Empfangsreichweite erheblich. Für die Stromversorgung aus dem Bordnetz ist ein Adapter für meist 12, seltener 24 Volt nötig. Dieser ist im Zubehörhandel als Autoadapter zu kaufen.
Mit dieser Grundausstattung lässt es sich mobil telefonieren, SMS-Nachrichten können versandt und empfangen werden, und Geräte mit WAP-Funktion können sich ins Internet einwählen.
Wer einen tragbaren Computer mit an Bord nimmt, benötigt ebenfalls ein spezielles Netzteil für das 12-Volt-Bordnetz. Wer zusätzlich noch ein passendes Modem sein eigen nennt, dem stehen die weite Welt des Internets und natürlich auch der Faxdienst zur Verfügung. Einige Internetbetreiber bieten hierzu eigene Einwahlnummern in vielen Städten der Welt an, so dass man sich mit einem Inlandsruf ins World Wide Net einklinken kann. Die Datenübertragungsrate vom momentan lediglich 9,6 kBit/sec. ist gegenüber der häuslichen ISDN-Leitung mit 64 kBit/sec. sehr mager. Die Übertragung von Bildern und größeren Dokumenten dauert sehr, sehr lange, aber für reine Texte und Emails reicht es aus.
Praktisch ist die Kombination von Notebook und Handy allemal, denn bei vielen Berufen können zumindest Teile der Arbeit bequem an Bord erledigt werden, viel angenehmer als im stickigen Büro. Einen weiteren direkten Nutzen kann der Wassersportler aus der unmittelbaren Verfügbarkeit z. B. von Wetterberichten, Seekartenberichtigungen und Törnberatung ziehen. Per SMS (Short Message System – Anzeige von Kurznachrichten auf dem Handy-Display), Fax, Fax-Abruf, und aus dem Internet kommen die gewünschten Informationen an Bord.
Für die Handys gibt es leider keine Adapterkabel, die es erlauben, dass externe Antenne, Stromadapter und die Verbindungsleitung zum Rechner gleichzeitig angeschlossen werden können. Man muss also immer mal umstecken, je nachdem, was man gerade tun möchte.
Bei den Notebooks hat es sich bewährt, die Geräte ständig angeschaltet zu lassen. Der zuschaltbare Stromsparmodus schont die Bordbatterien.

Diktiergerät zum Führen des Logbuchs

Das Schiffstagebuch stellt nicht nur ein wichtiges Beweisstück bei einem Unfall auf See dar, sondern es dient auch als Nachschlagewerk und »Lesebuch« in späteren Jahren.

Natürlich gehören die für Navigation und Seemannschaft wichtigen Eintragungen hinein, aber zum spannenden Lesestoff wird das Logbuch erst, wenn auch all die kleineren und größeren sonstigen Vorkommnisse – positive wie negative – mit aufgenommen werden.
Aber es ist nicht immer einfach, das Logbuch so ausführlich zu schreiben, damit daraus eine interessante Lektüre wird, denn das Schlingern des Bootes im Seegang hält manchen Skipper davon ab, sich unter Deck zu begeben und am tanzenden Kartentisch launige Worte zu Papier zu bringen.
Ein kleines Diktiergerät passt in jede Jackentasche und ist immer zur Hand. Hier lassen sich die Tageserlebnisse schnell und einfach festhalten. Egal, ob bei starkem Wind auf See oder bei der Fahrradtour über die Insel, das Diktiergerät kann mit einer Hand bedient werden und speichert die Highlights unmittelbar nach dem Erleben.
Und in einer ruhigen Stunde kann der Skipper, gemütlich im Cockpit oder im heimischen Lehnstuhl sitzend, das Vergangene nochmals aufleben lassen und sein persönliches Logbuch mit eingeklebten Fotos und natürlich mit den niedergeschriebenen Texten bereichern.

Zweitlautsprecher für das Funkgerät

Alle seegehenden Schiffe, und dazu gehören auch Yachten, müssen auf See eine ständige Hörwache auf dem UKW-Anruf- und Notkanal sicherstellen. So besagt es die Vorschrift.

Im täglichen Betrieb ist das eingeschaltete Gerät notwendig, um mit Schleusen- und Brückenwärtern zu kommunizieren und auch schon mal, um mit anderen Schiffen die Verkehrslage zu diskutieren – also, wer in einer engen Verkehrssituation wann und wohin ausweicht.

Hörwache schön und gut, aber leichter gesagt als getan, denn meist ist das Funkgerät in der Nähe des Navigationsplatzes installiert, also weit weg von den Ohren des Rudergängers, der den Funkverkehr mit abhören könnte, um bei Notwendigkeit ein Crewmitglied – mit Sprechfunkzeugnis – an die Funke zu schicken.

Eine Möglichkeit ist, dass der Lautstärkenregler am Funkgerät voll aufgedreht wird und so der Funkverkehr auch im Cockpit mitgehört werden kann. Dies ist bei stärkerem Wind oder bei laufender Maschine nicht mehr gewährleistet, vom Lärm unter Deck ganz zu schweigen.

Eine andere Möglichkeit ist die Montage eines zweiten Lautsprechers im Cockpit. Der Lautsprecher selbst muss wasserdicht sein. Er braucht keine tollen Klangeigenschaften zu haben; somit kostet er nicht viel. Mit einem Schalter kann er ein- und ausgeschaltet werden. Jetzt kann der Funkverkehr bequem und gut verständlich im Cockpit mit verfolgt werden.

Das Beiboot

Was gehört ins Dingi?

Immer wieder werden Pan-Pan-Meldungen von den Seefunkstellen verbreitet mit dem Inhalt, dass ein Beiboot mit ein bis zwei Insassen an Bord vermisst wird. Die Ursache ist oft ein streikender Außenborder, verlorene Paddel und das Unterschätzen der Windabdrift auf offener See. Mit einer kompletten Ausrüstung, auch an Bord des Yachttenders, lassen sich solch bedrohliche Situationen vermeiden.

Wenn ein Beiboot-Ausflug geplant wird, dann sollte nicht nur die Füllmenge des Außenbordertanks kontrolliert werden, sondern auch eine kleine Reserveflasche mitgenommen werden. Nicht selten gibt es einfach wegen Spritmangel Probleme. Ein kleiner Notvorrat an Benzin ist in solch einem Fall Gold wert. Die Reserveflasche mit einem halben oder einem ganzen Liter Treibstoff gibt es beim Ausrüster für Expeditionen und Bergsteiger. Diese Flaschen sind meist aus leichtem Aluminium und für das Befüllen mit Brennstoffen zugelassen.
Zwei Paddel gehören immer in das Boot, andernfalls ist vielleicht eine anstrengende Schwimmtour angesagt. Auch ein Anker, ein praktischer Klappdraggen zum Beispiel, nimmt keinen Platz ein, aber er hält das Dingi am Platz und fern von den spitzen Korallenstöcken, wenn die Insassen zum Schnorcheln ins Wasser gehen. Er bremst auch die Abdrift ein wenig, wenn der Ernstfall

AVON
AVON

wirklich mal eingetroffen sein sollte. Beim Landgang als Heckanker verwendet, hält er das Dingi von rauen Kaimauern ab. Eine Schwimmweste pro Mitfahrer schadet gerade bei etwas rauer See nicht.

Ein kleiner Schwamm ist gut zum Reinigen des Tenders, und mit ihm können kleine Mengen Wasser aus dem Bootsinneren entfernt werden. Für größere Wassermassen empfiehlt sich ein Ösfass, das leicht aus einer aufgeschnittenen Weichspülerflasche hergestellt werden kann.

Bei einer längeren Beiboot-Tour empfiehlt sich eventuell auch die Mitnahme eines Handys, damit die Restcrew bei Problemen verständigt werden kann. Überhaupt gehört ein Ab- und Wieder-Anmelden bei den zurückbleibenden Mitseglern mit dazu, damit auch sie wissen, dass sie sich keine Sorgen zu machen brauchen.

In warmen Revieren sind eine Flasche Trinkwasser, Sonnenmilch und ein T-Shirt gegen die starke Sonneneinstrahlung keineswegs ein Luxus.

In der Karibik gibt es eine Vorschrift, die besagt, dass in jedem Beiboot ein Anker, ein Paddel (Außenborder ist bei Charteryachten dort obligatorisch) und eine Schwimmweste mitzuführen sind. Die Coast-Guard kontrolliert dies in einigen karibischen Regionen und kassiert bei Nichtbeachtung ordentliche Strafen!

Das Dingi in der Karibik

In manchen Wassersportrevieren ist die Kluft zwischen den »reichen« Yachties und den Einheimischen sehr groß. Besonders in der Karibik, vornehmlich in den südlicheren Regionen, ist die Bevölkerung stellenweise sehr arm. So bleibt es nicht aus, dass die Leute versuchen, von den Seefahrern zu profitieren. Die einen treiben Handel mit Früchten und Souvenirs, andere wiederum verdienen sich durch Dienstleistungen wie Achterleinen ausbringen oder »Dingi-Watch« ein paar Dollar.

Die Crew ist gut beraten, wenn sie gegen ein geringes Salär einen Wächter zum Aufpassen auf das Beiboot

beauftragt und zusätzlich noch den Tender mit Kette oder Stahlseil und einem Vorhängeschloss an einer Palme bzw. an der Yacht fixiert.
Die ansässigen Charterfirmen haben ihre Beiboote schon entsprechend ausgerüstet. Auch der meist obligatorische Außenborder ist mit einem Schloss dauerhaft mit dem Boot verbunden. Falls nicht, dann kann durchaus ein nächtlicher Eigentümerwechsel stattfinden.
Allerdings ist solches Beschaffungsmanagement nicht unbedingt den Einheimischen zuzuschreiben! Auch Aussteiger, die mit ihren Booten in der Karibik oder in anderen Regionen gestrandet sind, sind gezwungenermaßen auf solche Maßnahmen angewiesen. Wenn sie überleben wollen!
Während der Nachtstunden lässt sich das Dingi wirkungsvoll bewahren: Es wird am Spinnakerfall längs der Bordwand vorgeheißt. Wenn es etwa einen halben Meter waagerecht über dem Wasser schwebt, dann ist es für lange Finger unerreichbar. Der angenehme Nebeneffekt: Es stößt nicht mehr unkontrolliert an das Heck, wie sonst durch Wind oder Strömung bedingt. Das heißt, dass die Mannschaft eine ruhige Nacht ohne störende Geräusche oder gar Störenfriede genießen kann.

An Deck stramm verzurrt

Nicht nur das Dingi wird oft an Deck gelegt und während der Fahrt dort fest gelascht, sondern auch andere Ausrüstungsgegenstände wie Surfboard, Bootshaken oder Gangwaybrett.

Bei ruhiger Wetterlage bleiben diese Teile auch da, wo sie hingehören, aber, wenn der Wind auffrischt, die Wellen höher werden und Spritzwasser über das Deck schießt, dann lockern sich die Zurrings und die Zubehörteile laufen Gefahr, sich komplett zu lösen und über Bord gespült zu werden.
Oft liegt die Ursache darin, dass das verwendete Tauwerk, wenn es nass wird, nicht nur weicher wird, was

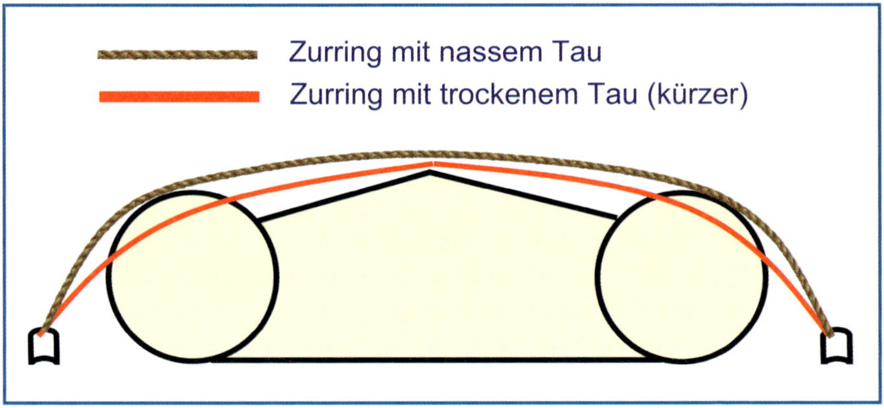

sich Regattasegler zum besseren Handling zunutze machen, sondern dass sich nasses Tauwerk ein wenig reckt. Deshalb rutscht unser so sorgsam und stramm verzurrtes Beiboot plötzlich über das Deck.
Dieser zunächst negative Effekt lässt sich aber auch positiv einsetzen! Bevor an oder auch unter Deck Ausrüstungsteile haltbar angebunden werden, nimmt man die hierfür benötigten Leinen und macht sie gründlich nass. Anschließend wird sorgsam verzurrt.
Wenn das Tauwerk trocknet, verkürzt es sich wieder ein wenig und sitzt richtig stramm. Und bei nassem Wetter wurde ja sowieso eine fest sitzende Zurring hergestellt.

Ein- und Aussteigemanöver beim Dingi

Gerade weniger geübte Mitsegler bekommen zuweilen echte Probleme, wenn die Crew zum Landgang mit dem Dingi übersetzten muss.

Allein das Umsteigen von der Yacht in das kleine Beiboot erzeugt manchmal Schweißperlen. Dabei kann eigentlich nicht viel passieren! Im schlimmsten Fall fällt eine/r ins

Wasser und wird nass. Gerade das soll unter allen Umständen vermieden werden.
Bei wenig Welle gestaltet sich das Manöver in der Regel recht leicht: Der Tender wird an das Yachtheck heran gezogen, und die Crew steigt einzeln vom Schiff ins Boot. Dabei ist es leichter, wenn eine tiefliegende Badeplattform vorhanden ist. Nur an einer Badeleiter den Yachtspiegel herunter zu klettern, ist schwieriger.
Interessant wird das Manöver bei Wind und Welle! Nicht nur das Beibötchen tanzt auf und ab, sondern auch die Yacht zerrt am Anker und bewegt sich im Wellengang. Hier kann schon mal ein Fehltritt vorkommen.
Viel mehr Standfestigkeit für die Crew ergibt sich, wenn das Dingi am Heck des Schiffes längsseits gezurrt wird. Es kann dann nicht unter das Yachtheck gedrückt werden. Von der Badeplattform aus kann man sich mit einem großen Schritt seitwärts in das Beiboot verholen. Mit Blick nach vorn können sich die Hände zum Beispiel an der Heckreling festhalten, und das Manöver lasst sich sehr sicher gestalten. Im Boot angekommen, heißt es hinsetzen und für den nächsten Platz machen.
Falls nötig lässt sich das Beiboot – mit einer zweiten Heckleine – an der Yacht stabilisieren. Das Umsteigen zurück an Bord verläuft genau so einfach.

Doppelt geleint hält besser

Seemannsknoten sollen gut halten und auch wieder einfach gelöst werden können – das wäre wünschenswert. Aber gerade bei wechselnder Belastung, wie sie der Knoten an der Vorleine des Beibootes ständig erfährt, ist die Haltbarkeit nicht unbedingt gewährleistet.

Nicht selten kommt es vor, dass sich ein am Heck oder an der Pier angebundener Yachttender selbständig macht und dass ein aufgegangener Knoten die Ursache war. Nun kann man die Seemannsknoten noch zusätzlich mit einem aufgesetzten Takling sichern. Auch das Einspleißen

eines Augspleißes erhöht die Sicherheit enorm – trotzdem ist eine zweite Vorleine als weitere Sicherheitsmaßnahme wünschenswert.
Diese zweite Leine wird am Beiboot an anderer Stelle als die normale Vorleine dauerhaft befestigt, denn auch am Dingi können aufvulkanisierte Heißaugen ausreißen. Und dann ist das teure Stück weg! Praktisch sind auch eingespleißte Karabiner an den Vorleinen, denn diese können mit einer Hand bedient werden.
So ausgerüstet ist die Wahrscheinlichkeit sehr gering, dass sich der Tender verselbständigt.

Das Beiboot in Davits

Nicht auf allen Yachten kann der Yachttender in am Heck befestigten Davits gefahren werden. Manchmal stört die große Badeplattform oder die Windfahnen-Selbststeueranlage, und manchmal ist einfach der Zugang zur Badeleiter mit dem am Heck hängenden Dingi versperrt.

Wenn es aber passt, dann gibt es noch einiges zu bedenken. Besonders die Langlebigkeit des Beibootes sollte den Skipper interessieren! Denn oft genug wird das Bötchen so weit an den Lift-Taljen hochgezogen, dass der Bootskörper bei einem festen Boot bzw. der Gummischlauch bei einem aufblasbaren Beiboot an den stählernen Davits scheuern.
Es lässt sich leicht ausmalen, wie lange das ein Dingi durchhält, wenn es im Seegang ständig schamfilt.
Mancher Eigner versucht durch Unterlegen von Lappen oder anderen Materialien, das Scheuern so gut wie möglich

zu minimieren. Aber erst das Verhindern dieser Pendelbewegungen und das Abstandhalten von Yacht-Rumpf und -Aufbauten bringt den richtigen Erfolg, der die Lebensdauer des Beibootes entscheidend erhöht.
Zuerst wird der Tender nur bis knapp unter die schamfilenden Teile geliftet. Dann werden an geeigneten Stellen links und rechts am Yachtheck kleine Blöcke installiert, durch die je eine Sorgleine vom Bug bzw. Heck des Beibootes geführt wird.
Katamarane haben es durch die nach hinten überstehenden Rumpfenden noch leichter. Am Yachttender schafft ein praktischer Karabiner die Verbindung, und am Yacht-

heck wird die Leine in einer kleinen Kammklemme oder Klampe stramm belegt. Jetzt kann das Bötchen schon nicht mehr in der Querschiffsachse unkontrolliert pendeln.

Mittschiffs am Dingi werden noch zwei weitere Sorgleinen mittels Karabiner befestigt. Die eine zieht die Bordwand nach unten, die andere entsprechend nach oben. Zwei weitere Klemmen sorgen für strammen Halt – diesmal, um das Beiboot nicht nach vorne oder hinten baumeln zu lassen.

So verzurrt bleibt der Tender auch im Seegang stabilisiert nach allen Achsen, und das Scheuern an den Davits oder gar am Yachtrumpf ist beseitigt.

Zum Ausbringen des Beibootes sind Klemmen und Karabiner blitzschnell gelöst.

Beiboot vom Vorschiff aus wassern

Leichte Beiboote, also Schlauchboote ohne festen Boden, lassen sich ja bequem von zwei Personen über die Reling nach unten ins Wasser ablassen. Nur bei den schwereren Dingis – Schlauchboote mit durchgehendem Holzboden oder mit festem Kunststoffboden, oder feste Beiboote – da sieht die Sache ganz anders aus.

Weil sie so schwer sind, werden sie auf die arme Reling gewuchtet und dann mehr oder weniger kratzend an der

Bordwand abgelassen – ein Kraftakt für den Menschen und eine Tortur für das Gelcoat der Yacht.
So wie die alten Seefahrer einen Ladebaum zum Bunkern und Löschen der Fracht benutzten, so kann auch der moderne Yachtie sein Beiboot z. B. mit dem Spinnakerfall vom Vorschiff aus aussetzen und wieder an Deck zurückhieven. Als Ladebaum dient entweder der Spibaum oder ganz einfach der ausgestreckte Arm einer Person, die das Beiboot am Fall von der Bordwand abhält. Ein zweites Crewmitglied bedient das Spifall mit der Fallwinsch.
Die eine Möglichkeit ist, das Dingi an seinem Bugbeschlag anzuschäkeln und es dann senkrecht hängend auszubringen. Manche stabilen Tender verfügen werksseitig bereits über Hängeösen, um sie in Davits hängen zu können, oder man montiert einfach selbst welche. Sie haben den Vorteil, dass das Beiboot in waagerechter Lage zu Wasser gelassen werden kann. Diese Methode ist schnell, praktisch, kräfte- und materialschonend.
Auf manchen Yachten wird das Dingi an anderen Stellen an Deck gelagert. An der Nock von Groß- oder Besanbaum angeschlagene Taljen erfüllen denselben Zweck.

Beiboot an der langen Leine

An vielen Ankerplätzen ist es üblich, dass sowohl Motor- wie auch Segelyacht mit dem Buganker verankert wird und zusätzlich eine oder auch zwei lange Achterleinen ausgebracht werden, die am Ufer an einem Baum oder an einem Fels festgemacht werden. Im Mittelmeer und in der Karibik wird dieses Manöver praktiziert, um in der Bucht Platz zu sparen gegenüber dem freien Ankern.

Aber das Schiff liegt dann natürlich nicht direkt am Ufer, so dass das Beiboot zum Übersetzten an Land nötig ist. Meist sind es nur etwa 10 bis 20 Meter vom Bootsheck bis an Land. Damit die Crew den Tender ständig zur Verfügung hat – egal ob an Bord oder an Land – lässt

Extratipp

Bei stärkerem Seitenwind schlingt man die Vorleine des Beibootes lose um eine der Achterleinen. So bleibt das Dingi noch zusätzlich stabilisiert, und man kann sich an der Festmacherleine entlang hangeln. Es sind keine Paddel nötig.

sich das Boot mit einer Endlosleine von beiden Seiten bedienen.

Am Bug des Beibootes wird eine lange Leine angeknotet. Diese Leine führt an Bord idealerweise durch einen am Rumpf befestigten Umlenkblock, aber auch eine Stütze der Heckreling genügt schon. Dann wird sie an Land geführt und durch einen zweiten, an Land befestigten Block geschoren. Auch hier kann die Schlinge des Achterleinen-Palsteks herhalten, wenn auch die Reibung erhöht wird. Das Ende der Leine wird dann wieder an das Beiboot geknotet.

An dieser endlosen Leine kann der Yachttender problemlos zwischen Boot und Ufer hin- und her gezogen werden, und die Crew kann jederzeit an Land bzw. zurück auf das Schiff.

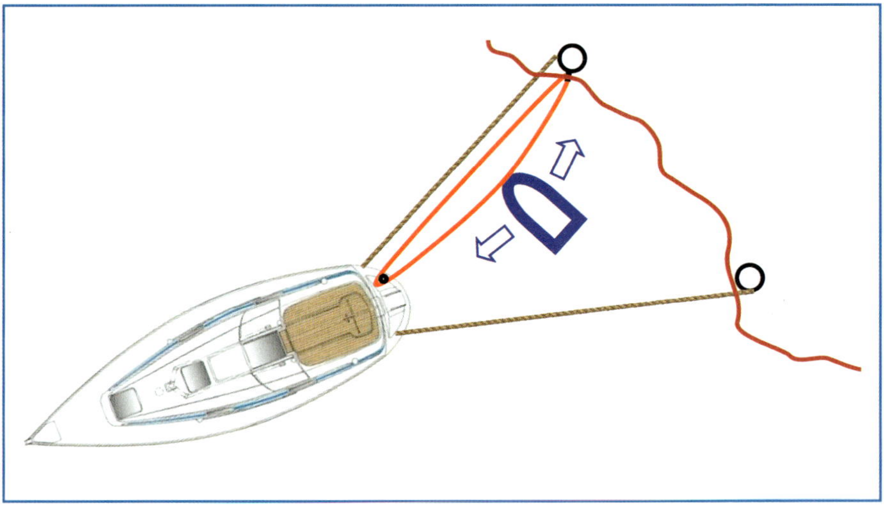

Außenborder-Power

Heißa Außenborder

Auf vielen Yachten verbringt der Außenborder viel Zeit in seiner Halterung an der Heckreling. Dort ist er bei Nichtgebrauch auch gut aufgehoben.

Soll der Außenborder dann allerdings an seinen Arbeitsplatz, an den Spiegel des Beiboots, dann wird's schwierig. Lassen sich die ganz kleinen Motoren noch freihändig vom Schiff ins Dingi hieven, wird dies mit zunehmendem Motorgewicht immer schwerer. Kommt dann noch kabbeliges Wasser hinzu, das die Yacht und erst recht das Beiboot wild umher tanzen lässt, kann es leicht passieren, dass der Außenborder gar nicht montiert werden kann oder dass er gar ein unfreiwilliges Bad im Seewasser nimmt. Die Auswirkungen auf sein weiteres Funktionieren sind unklar, wenn er überhaupt geborgen werden kann.

Eine Sorgleine, an den Handgriff des Jockels geknotet und von einer zweiten Person an Bord gesichert, vermeidet zwar das Tauchbad, aber der Motor hängt waagerecht und ist somit nur

schlecht zu handhaben. Erst wenn man sich die Mühe macht und einen Tampen so über den Motorkopf knüpft, dass das lange Ende dieser »Doppelschlinge« oben von der Mitte der Motorhaube abgeht, dann lässt sich der Außenborder an dieser Leine in senkrechter Stellung anheben. Das freie Tampenende wird zu einem Transportgriff geknotet. Wenn die Leine lang genug ist, kann man sie sogar durch einen an einem Baum befestigten Block scheren und diese Kombination als kräftesparendes Heißgeschirr einsetzen.
Manche Fahrtensegler verwenden statt des Tampens breites Gurtband. Dieses lässt sich, mit entsprechenden Spannspangen, stramm um das Motorgehäuse montieren. Aber Vorsicht: Gurtband und Tampen dürfen den Motor nur so umschlingen, dass sie völlig frei von bewegten oder beweglichen Teilen geführt werden!

Tankstelle für den Außenborder

Auf Segelyachten wird der Außenborder für das Beiboot meist in einer Halterung an der Heckreling fest gelascht, wenn die Yacht auf See ist.
Als Außenbordmotoren kommen häufig solche mit eingebautem Tank zum Einsatz. Beim Nachtanken aus dem Reservekanister kommt es dann oft dazu, dass Benzin/Gemisch verschüttet wird und mit der Spülmittelflasche versucht wird, die Öllache auf der Wasseroberfläche aufzulösen.

Es kann auch anders gehen: Der Benzinschlauch bei einem mobilen Treibstofftank, wie er bei größeren Außenbordern mit externem Tank zum Einsatz kommt, wird je nach Bedarf verlängert. An sein freies Ende kommt wie üblich eine dieser kleinen Gummi-Benzinpumpen und gleich danach ein Absperrhahn, wie er für Treibstoffleitungen verwendet wird. Und an diesen Hahn wird noch ein kurzes Schlauchstück als Einfüllstutzen montiert.
Der Jockel kann sogar am im Wasser schwimmenden Beiboot montiert sein – der externe Treibstofftank wird

einfach höher als der Außenbordertank aufgestellt, das freie Schlauchende in die Tanköffnung eingeführt, der Absperrhahn geöffnet und mit der Handpumpe gepumpt, bis der Sprit in den Tank des Jockels fließt. Ab jetzt füllt sich der Tank automatisch!
Am Ende dreht man den Absperrhahn zu und lässt das im Schlauchende verbliebene restliche Benzin auslaufen und abtropfen. Das Betanken ist somit ohne einen einzigen verschütteten Tropfen beendet. Der externe Tank kann bis zum nächsten Mal in der Backskiste verstaut werden, und dem ungetrübten Dingi-Ausflug steht nichts mehr im Wege.

Fahrkomfort – Pinnenverlängerung für den Außenborder

Ein Jockel am Heck des Beibootes macht Spaß und erweitert den Aktionsradius erheblich. Das Fahrverhalten eines kleinen Dingis ist extrem vom Gewichtstrimm des/der Insassen abhängig. Deshalb sieht man oft Leute im Bötchen, die relativ weit vorne am Boden oder auf der Ruderbank sitzen und in verkrampfter Armhaltung die Pinne des Außenborders halten.

Bei kleinen Beibooten lässt sich noch kein Fahrstand mit Lenkrad und Gashebel einbauen, aber eine Pinnenverlängerung am Außenbordmotor verhilft zu angenehmem Sitzkomfort ohne Arm-Verrenkungen, besserem Gewichtstrimm und somit entscheidend besserem Fahr- und Gleitverhalten.
Pinnenverlängerungen gibt es im maritimen Zubehörhandel in verschiedenen

Längen fertig zu kaufen. Das Rohr lässt sich aber auch auf die benötigte Länge zuschneiden. Montiert wird die Pinnenverlängerung einfach am Gashebel des Jockels mit einer Universal-Schraubhalterung. So lässt sie sich auch jederzeit blitzschnell abschrauben. Manche dieser Geräte verfügen sogar noch über einen Motor-Schnellabstellknopf, wie er an der Pinne von stärkeren Außenbordern zu finden ist. Auch auf diesen Komfort muss man nicht verzichten.
Das mit einer Pinnenverlängerung ausgestattete Beiboot liegt bei richtigem Gewichtstrimm ausgeglichen auf dem Wasser, und die Gleitphase wird viel früher erreicht und beibehalten, als wenn der Dingipilot am Heck auf einer Seite sitzen muss, um die normale kurze Pinne gut in der Hand halten zu können.

Der Außenborder – die unendliche Geschichte

Wie oft ist am Ankerplatz auf größeren Segelyachten zu sehen (und zu hören), wie sich Skipper und Crew – ausgehfertig zum Landgang – schwitzend und schimpfend bemühen, den Jockel für das Beiboot in Gang zu kriegen. Jeder darf mal: An allen Rädchen und Knöpfchen drehen und bis zur Erschöpfung am Startseil ziehen. Die meist nicht mehr als 100 Meter bis zum Ufer müssen schließlich von der entnervten und durstigen Crew gepaddelt werden, und der Motor hat Ruhe.

Dingi-Außenborder fristen ein gnadenloses Dasein: Tags der sengenden Sonne an ihrer Halterung am Heckkorb ausgesetzt, nachts der sich niederschlagenden Feuchtigkeit. Beim Segeln spritzt das Seewasser in jede Fuge, und jede Woche, beim Crewwechsel und vor dem Auslaufen, wird er an seinem Platz außerhalb des Wassers ausprobiert. Fällt ihm das Anlassen schon schwer genug, so zerstört das Laufen ohne Kühlwasser in Minutenschnelle

das empfindliche Gummi-Laufrad der Kühlwasserpumpe! Überhitzung des Motorblocks und Exitus sind dann die Folgen bei seinem nächsten Einsatz am Beiboot.
Meist ist die zu überwindende Distanz – vom Boot bis zur Kneipe am Ufer – so gering, dass der Außenborder auch keine Chance hat, mal richtig warm zu werden. Anlassen – Vollgas – und nach 100 Metern abstellen. Schlechte Kraftstoffverbrennung resultiert daraus, Ruß und eine verschmutzte Zündkerze.
Allein das Übergeben des Motors vom Deck der Yacht nach unten ins Boot wird zur lebensgefährdenden Aktion für den armen Jockel: Stellt man ihn nämlich auf den Kopf, also Schraube höher als Motorblock, dann läuft das im Schaft befindliche Rest-Salzwasser zurück in den Motor und in den Zylinder. Folge: Nichts geht mehr! Selbst wenn er richtig herum übergeben wird, so machen oft genug Wind und Seegang diese Aktion zur Schaukelpartie, und der Außenborder geht auf Tauchstation. Wird er dann geborgen, dann sollte er eigentlich zerlegt und von jedem Krümelchen Salz befreit werden, aber meist wird nur gewartet, bis das Wasser abgeflossen ist und gleich darauf wird versucht, ihn wieder anzulassen… Erfolg: Siehe oben.

Tipp

Beim Übergeben des Jockels ins und vom Dingi mit einer Sorgleine das teure Stück sichern. Den Motor warmlaufen lassen und nicht gleich mit Volldampf lospreschen. Zwischendurch auch mal eine längere Strecke fahren, um ihn richtig durchzupusten. Den Vergaser leer fahren, um dem Verharzen des Kraftstoffgemischs vorzubeugen. Motorgehäuse und Motorblock vom Salz befreien. Und den Außenborder nach Herstellerangaben für das frostfreie Winterlager präparieren und aufrecht gestellt lagern.

Unter Wasser

Schnorcheln und Arbeiten unter Wasser

Manchmal kann es passieren, dass es am Unterwasserschiff ein Problem gibt – zum Beispiel ein Tampen in der Schraube – oder am Rumpf ist etwas zu inspizieren. Bevor das Boot dann kostenintensiv gekrant werden muss oder unterwegs gar zum manövrierunfähigen Schiff wird, ist es einfacher, mit der Taucherbrille nach dem Rechten zu sehen.

Tauchregeln:

1. Jeder Skipper sollte sich ein wenig mit dem Schnorcheln beschäftigen und dies auch üben. Gerade in warmen Gefilden eröffnet sich die traumhafte Unterwasserwelt mit ihrer vielfältigen Fauna und Flora.
2. Tauchschulen bieten verschiedene Kurse an, auch im heimischen Hallenbad.
3. Eine (passende) Schnorchelausrüstung sollte auf jeden Törn mitgenommen werden. Aus Taucherbrille, Schnorchel und Schwimmflossen besteht die ABC-Ausrüstung.
4. Bei kaltem Wasser ein bis zwei T-Shirts und/oder ein möglichst langärmeliges Hemd zusammen mit einer langen Hose anziehen, um einer Unterkühlung vorzubeugen.

   Ein Surf- oder gar ein richtiger Taucheranzug ist natürlich noch viel besser, dann aber mit tariertem

Bleigürtel, damit der Taucher nicht wie ein Korken an der Oberfläche treibt.

5. Manchmal wird es nicht reichen, dass von der Wasseroberfläche aus gearbeitet werden kann. Zur Inspektion oder zur Reparatur muss man abtauchen. Hierzu möglichst ruhig durch den Schnorchel mit dem Gesicht im Wasser atmen. Dann einen tiefen Atemzug nehmen, den Oberkörper nach unten knicken und abtauchen.
6. Beim Auftauchen muss der Kopf nicht aus dem Wasser gehoben werden. Der Schnorchel wird nach Erreichen der Wasseroberfläche durch kurzes und festes Pusten ausgeblasen und vom Wasser befreit. Dann kann der Taucher durch den Schnorchel mühelos weiteratmen.
7. Wenn beim Runtertauchen die Ohren anfangen zu drücken (wie im Flugzeug), dann muss unbedingt Druckausgleich gemacht werden: Mit Daumen und Zeigefinger in den Naseneingriff der Taucherbrille greifen, die Nase zuhalten und kurz »schnäuzen«. Kräftiges Schlucken und dazu den Unterkiefer Hin- und Herbewegen hilft auch und unterstützt diese Maßnahme. Der Druck auf den Ohren sollte jetzt nachlassen. Wenn der Druckschmerz nicht nachlässt, dann sofort auftauchen! Da jedoch die Tauchtiefe zu Propeller oder Schiffsrumpf meist nur etwa 1 Meter beträgt, wird dieses Problem oft gar nicht auftreten.
8. Je ruhiger die Atmung – Stress und Adrenalinausstoß vermeiden – desto länger kann man unter Wasser die Luft anhalten und sich dort aufhalten.
9. Findet die Unterwasseraktion im freien Wasser statt, so ist zweckmäßigerweise ein Lifebelt zu tragen, der

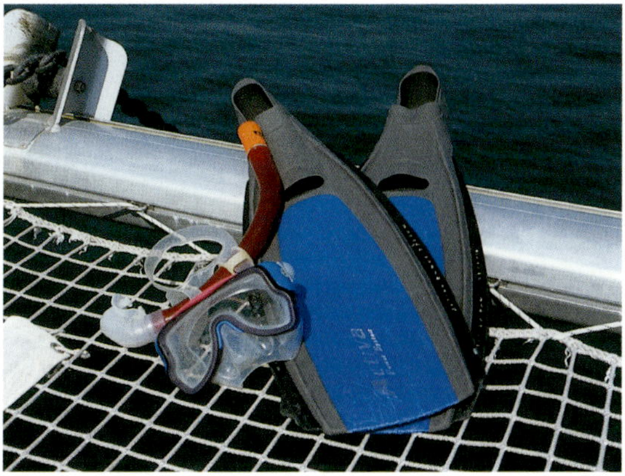

von einer zweiten Person an Bord gesichert wird. So wird verhindert, dass der Taucher vom Schiff weggetrieben wird und dass dann eine Mann-über-Bord-Situation entsteht.

10. Nach dem Tauchgang am besten sofort warm duschen, etwas Heißes trinken und sich warm anziehen.

Der Schnorchler wird zum Bugsierschlepper

Schon mal passiert?: Das Ab- oder Anlegemanöver im Hafen war so gut vorbereitet, doch dann passiert's: Die Yacht legt sich quer vor andere Schiffe, die fremden Ankerketten/-leinen geraten zwischen Kiel und Ruderblatt, und schon ist man manövrierunfähig!

Kennen Sie das? Und was haben Sie unternommen, um aus dieser Situation herauszukommen? Natürlich hält man sich mit aller Kraft frei von den fremden Bug- oder Heckkörben. Bei wenig Wind ist dies auch kein großes Problem. Aber: Das Boot hier wieder heraus zu kriegen, wo doch die Maschine wegen der herumhängenden Ketten und Leinen nicht einsetzbar ist, das ist das große Problem.

Eine praktikable Lösung ist, das Beiboot samt Außenborder flott zu machen, eine Schleppleine in der Yachtmitte, zum Beispiel an den Püttings, zu belegen und das Schiff aus seiner prekären Situation zu befreien. Meist muss es aber schnell gehen, und deshalb scheidet langwieriges Hantieren aus.

Die Schwimmflossen anziehen und ins Wasser springen, geht in wenigen Sekunden. Der »Retter« schwimmt mittschiffs, etwa auf die Höhe der Wanten, und mit kräftigen Flossenbewegungen schiebt er die Yacht ganz langsam, Zentimeter für Zentimeter, wie ein Bugsierschlepper aus der Gefahrensituation heraus.

Leine im Propeller – und ab nach unten!

Irgendwann passiert es ja doch, dass sich eine Leine, Angelschnur, oder gar ein Fischernetz im Propeller verfangen.

Die Crew tuckert wohlgemut dahin oder ist mit dem Anlegemanöver beschäftigt, und dann: Ohne Vorankündigung bleibt der Motor einfach stehen. Der Skipper wird nach der ersten ratlosen Schrecksekunde das Getriebe auskuppeln und einen Startversuch wagen. Kein Problem! Sofort springt der Diesel wieder an. Aber beim nächsten Einkuppeln wird er wieder abgewürgt.

Jetzt wird die Situation langsam klarer: Die Schraube ist blockiert, das Schiff treibt manövrierunfähig über das Wasser. Ist genug Wind, dann kann mit Segelkraft der nächste Hafen oder eine geschützte Bucht angelaufen werden, um den Prop zu klarieren. Herrscht aber Flaute und kein oder nur wenig Seegang, dann ist Soforthilfe machbar, denn der Schiffsrumpf liegt ruhig auf dem Wasser. Geschieht das Malheur jedoch beim Rangieren in einer engen Bucht oder gar im Hafenbecken, dann kann schnelles Ankern ein Auflaufen oder eine Havarie mit anderen Yachten verhindern. Und jetzt kommt die Frage: Was tun?

Mühsames Stochern mit dem Bootshaken von der Badeleiter oder vom Beiboot aus, hilft in der Regel nicht.

Am schnellsten lässt sich der Fremdkörper beim Schnorcheln mit Taucherbrille, Schnorchel und Schwimmflossen, die immer mit an Bord sein sollten, entfernen. Die Vorteile: Der Taucher sieht genau, wo es hakt, und er kann zumindest teilweise sogar mit zwei Händen arbeiten. Dickere Tampen, die sich nur mit wenigen Umdrehungen um Schraube und/oder Welle gelegt haben, können meist ohne Werkzeug durch Rückdrehen des ausgekuppelten Propellers klariert werden.

Nylonleinen oder gar ein Netz haben sich oft sehr stramm festgezogen, ja, sie können sogar durch Dehnung richtig festbacken! Hier hilft nur zähes Entwirren mit dem mas-

Zur Beachtung

In besonders schweren Fällen kann sich die Welle durch die Kraft der Wuhling verbiegen! Auf neue und unbekannte Geräusche am Antrieb sollte geachtet werden. Bei all diesen Manipulationen darf der Motor nicht laufen! Es besteht Verletzungsgefahr!

siven Messer oder Schraubenzieher. Auch mit einer Eisensäge kann die Wuhling durchtrennt werden.
Bei besonders hartnäckigen Problemen, wenn sich z. B. die Leine bei einem Saildrive zwischen Propeller und Getriebekörper auf die unzugängliche Welle gewickelt hat, dann geht die Reparatur am schnellsten, wenn gleich die ganze Schraube kurzfristig abmontiert, an Deck bequem gereinigt und danach wieder angeschraubt wird. Wohl dem, dessen Prop nicht festgebacken ist! Ist der Prop wieder klar, dann kann weitergefahren werden.

Schnorcheln zur Ankerkontrolle

In vielen Bootsrevieren der Welt gehört das tägliche Ankern zur immer wiederkehrenden Pflichtübung.

Ganz wichtig ist, dass der Haken auch gut hält, denn nur dann lässt sich's auch beruhigt schlafen. Trotz aller Verfahren, wie man das Eisen richtig eingräbt, bleibt für den Skipper oft doch die Ungewissheit, ob der Anker auch wirklich gut gefasst hat. Gerade auf einem Untergrund wie z. B. Seegras ist die angezeigte Haltekraft oft trügerisch.
Warum also nicht das Angenehme mit dem Nützlichen verbinden? In warmen Revieren gibt es nichts Schöneres, als nach vollendetem Ankermanöver zum kühlenden Schwimmen ins Wasser zu springen. Wenn jetzt Schnorchel, Taucherbrille und Schwimmflossen mit dabei sind, kann der Skipper oder ein Crewmitglied vom Bug des Schiffes aus die Ankerkette schwimmend bis zum Anker verfolgen. Die Sicht unter Wasser ist an sehr vielen Ankerplätzen so gut, dass auch ein auf 10 Meter Wassertiefe liegendes Eisen noch gut erkannt werden kann.
Liegt der Anker auf dem Grund und ist nicht oder nur teilweise eingegraben, dann ist Nachbessern angesagt. Der Schnorchler kann das Manöver von seinem Platz aus verfolgen und sogar aktiv dirigieren. Der Geübte kann auch abtauchen und den Haken von Hand in den Untergrund eingraben.

Rauf und runter – die Gangway

Kurz angebunden an der Reling

Sei es eine massive Gangway aus Aluminium, sei es nur eine lange Planke als Gangwaybrett – nur bei größeren Yachten kann die so wichtige Landverbindung fest am Schiffsheck montiert bleiben.

Kleinere Yachten müssen das sperrige Teil nach dem Ablegen abmontieren und verstauen. Auf Grund der Größe passt das gute Stück wohl meist nicht in die Backskiste. Auch das Anbinden am Heck – hochkant oder gar quer liegend – kommt aus praktischen oder ästhetischen Gesichtspunkten kaum in Frage. Platt auf dem Deck liegend, stellt der Apparat eine latente Gefahr für die Zehen dar, ganz abgesehen davon, dass sich Leinen und Schoten darin verfangen können.

Eine brauchbare Lösung ist, das Gangwaybrett hochkant an der Reling festzuzurren. Am einfachsten und besten mit kräftigen Gummistropps, die unten an zwei nebeneinander liegenden Relingsstützen

per Palstek dauerhaft angeknotet werden. Tampen eignen sich dafür nicht ganz so gut, denn wenn sie nass werden, dann reckt sich das Tauwerk und unsere Gangway bekommt Lose und macht sich langsam selbständig. Dann muss ein Crewmitglied im Seegang nach vorne, damit sich das wichtige Teil nicht außenbords verabschiedet.
Unsere Gangway lehnen wir von innen hochkant an die Relingsstützen mit den Stropps. Diese fischen wir unter dem Brett durch nach innenbords und führen sie hoch. Direkt oberhalb der Planke wird der strammgezogene Gummistropp mit einem beherzten Webeleinstek belegt – fertig! Das geht ruck zuck, ist auch bei Seeschlag haltbar und lässt sich schnell und leicht wieder lösen.

Die schwebende Gangway

Anders als in nördlichen Gefilden, wo Yachten entweder längsseits an der Pier, oder im Päckchen, oder mit dem Bug voraus in der Box anlegen, wird in den Mittelmeerländern mit dem Buganker und mit dem Heck zur Pier angelegt.

Zum Aussteigen ist eine Gangway ein erprobtes Hilfsmittel. Einesteils wird das Yachtheck geschützt, weil es in einiger Entfernung von der Mauer bleibt, andernteils ist so ein Laufsteg bequem beim Gang von und an Bord.
Im einfachsten Fall verrichtet ein simples Brett, das vom Heck der Yacht bis auf die Kaimauer reicht, klaglos seinen Dienst. Ein Bändsel, das an Bord belegt wird, verhindert, dass diese Passarella abhanden kommt. Komfortabler sind richtige Gangways, deren eines Ende am Rumpf an einem drehbaren Beschlag sitzt und deren landseitiges Ende an einer Leine hängt, die oft über den Masttop geführt ist, um die Planke an die Höhe der Kaimauer anzu-

gleichen. Bewegliche Rollen sollen für gute Bodenhaftung sorgen. Auf großen und teuren Yachten findet man auch hydraulisch angetriebene Edelteile mit integrierter indirekter Beleuchtung samt rotem Teppich, die per Infrarot-Fernbedienung aus- und eingefahren werden und die ohne Halte-Tauwerk auskommen, aber hiervon sprechen wir besser nicht.

Wenn die Gangway auf der Mauer aufliegt und sich die Yacht bewegt, dann entstehen unweigerlich Geräusche, welche die Nachtruhe empfindlich stören können. Und das ständige Schleifen auf dem Boden macht das Landungsgerät nicht gerade besser.

Wird aber zwischen die Leine zur Höhenverstellung und der Gangway ein fester Gummistropp geknotet, dann lässt sich das landseitige Ende der Passarella etwa 20 Zentimeter hoch schwebend über der Mauer justieren. Wenn dann ein Crewmitglied – egal, ob vom Schiff aus oder von Land – ein- oder aussteigen möchte, dann dehnt sich der Gummi, die Gangway liegt stabil auf dem Boden auf, und man kann bequem und gefahrlos über die Planke gehen. Steht niemand mehr dort, dann befindet sich die Gangway in Ruhestellung frei schwebend über der Kaimauer – ganz automatisch. Und kaputte Gangwayrollen und gestörter Schlaf gehören der Vergangenheit an.

Die Bordtoilette

Das Tütchen für die Papierchen: Praktischer Behälter am stillen Ort

Die Toilettenpumpe stellt sicherlich eines der empfindlichsten Teile eines Schiffes dar. Und auch das Gerät, das nur mit extremem Unmut repariert wird (mit Gasmaske, Gummihandschuhen, Schutzanzug und Gummistiefeln...): »Lieber bis zu den Ellbogen im Altöl als das Klo zerlegen...«

Extratipp

Um die Pumpe gangbar zu halten, genügen meist ein kleiner Schluck Öl in die Schüssel und ein paar Pumphübe. Als Öl kommt Motoröl, aber auch einfaches Babyöl in Betracht. Entkalken lassen sich Toilettenpumpe und Abwasserschläuche mit Entkalker für Kaffeemaschinen, der einige Stunden einwirken muss.

Um es gar nicht so weit kommen zu lassen, werden die gebrauchten Toilettenpapierchen in einer separaten Plastiktüte gesammelt und regelmäßig an Land entsorgt. Ein kleiner Abfallbehälter und eine eingelegte Tüte sind einfach in unmittelbarer Nähe der Toilettenschüssel montiert, und die Freude am funktionierende Klo hält lange an.

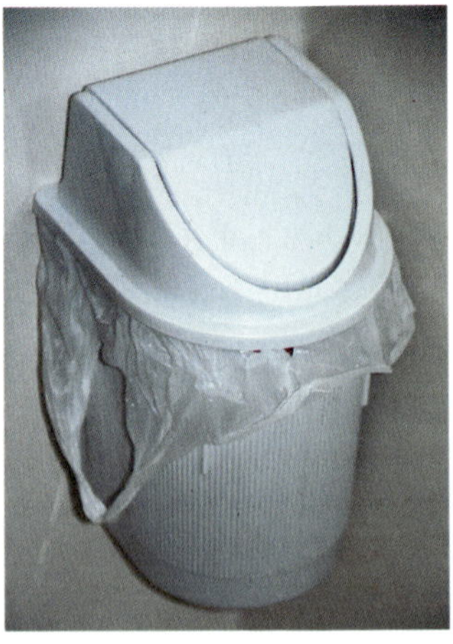

Als Nebeneffekt verteilt sich das sonst abgepumpte und durch die Toilettenpumpe feingehäckselte Toilettenpapier nicht auf dem Meeresgrund und sieht dann aus wie Neuschnee – beim Schwimmen und Schnorcheln ein wahrlich erhebender Anblick am Ankerplatz. In vielen Mittelmeerländern werden die Papierchen auch in den WCs der Tavernen in extra Behältern gesammelt – nichts Neues also. Und überhaupt: Toilettenpapier, leere Zahnpastatuben, Damenbinden, Watte, Hygieneartikel, aber auch Haare, Rasierklingen und Seifenreste gehören nicht in die Toilettenschüssel, sondern in eben dieses besagte Tütchen, welches regelmäßig mit dem übrigen Müll entsorgt werden kann.

Toilettenpflege

Das Bord-WC gehört sicherlich zu den auf einer Yacht meist genutzten Aggregaten. Intensive Wartung und Pflege sind unerlässlich für eine einwandfreie Funktion. Leider ist dies eine der unbeliebtesten Tätigkeiten an Bord. Doch das turnusmäßige Zerlegen und Warten der Bordtoilette ist bei weitem nicht so unangenehm wie die nächtliche Zwangsreparatur auf See, wenn wirklich »nichts mehr geht«.

Wie bei den Zähnen ist Vorbeugen auch hier besser als Basteln. So lassen sich der Pumpen-Innenraum und die Schläuche mit simplem Kaffeemaschinen-Entkalker vom Urinstein befreien. Das Mittel kommt in die Toilettenschüssel und wird mit ein paar Pumpenhüben in das System gebracht. Dort lässt man es einwirken und seine Arbeit verrichten. Simple Essig-Essenz aus dem Supermarkt hilft ebenfalls.

Damit die sensiblen Gummiventile schön geschmeidig bleiben, kann man einfach ein bisschen Öl in die Schüssel geben und durchpumpen. Salatöl, also Pflanzenöl, eignet sich nicht hierfür, denn es hat die Eigenschaft, in Verbindung mit Wasser zu verseifen bzw. zu hydrolisieren. Am Ende hat man eine talgartige Masse, eine harzige Kalkseife im Klo, welche die Pumpe blockiert. Einfaches Baby- oder Maschinenöl schmiert die Toilettenpumpe dauerhaft. Der Handel hält auch ein spezielles WC-Öl bereit, das den selben Effekt hat.

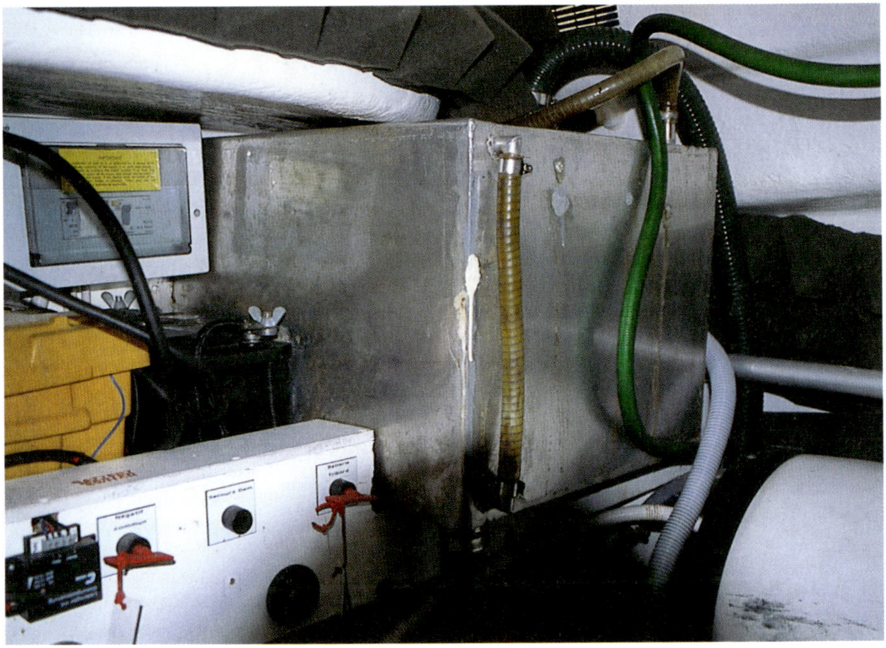

All diese Öle kommen in die WC-Schüssel und werden mit ein paar Pumpenhüben eingebracht. Auf diese Weise können die Wartungsintervalle und die Lebensdauer der Toilettenpumpe deutlich verlängert werden.

Viel hilft viel

Unangenehmer Geruch aus der Bordtoilette muss nicht sein! Wenn gut und viel gespült wird nach dem »Geschäft«, dann muffelt's auch nicht, und die Toilettenanlage bleibt schön sauber.

Die Bordpraxis hat gezeigt, dass etwa 15–20-mal pumpen zum Nachspülen ausreichend sind, damit Toilettenschüssel, WC-Pumpe und der nachfolgende Fäkalienschlauch kräftig mit Frischwasser durchgespült werden. Bleiben irgendwelche Überreste in Pumpe oder Schlauch zurück,

dann bildet sich übler Geruch im Toilettenraum, weil ein kleiner Teil durch das an der Toilettenpumpe angesetzte Lippenventil zurück in die Schüssel gelangen kann. Auch setzt sich verstärkt Urinstein in der Pumpe und im Schlauch ab, was zunächst zur Verringerung des Querschnittes führt, später den Schlauch sogar blockieren kann.
Zum Entkalken eignen sich gewöhnlicher Essig oder Essig-Essenz. Diese Flüssigkeiten werden von Zeit zu Zeit in die Toilettenschüssel gegeben und in Pumpe und Schläuche gepumpt. Dort verrichten sie ihre Arbeit ganz von selbst und lösen die Ablagerungen auf. Nach einigen Stunden der Einwirkzeit kann kräftig abgepumpt und nachgespült werden.
Bei einer elektrischen Toiletten-Absaugpumpe genügt ein Pumpvorgang von etwa 10 Sekunden Dauer, um den Apparat sauber zu spülen.
Fazit: Es kann gar nicht genug gespült werden, um die empfindliche Bordtoilette in Schuss zu halten.

Über oder unter Wasser: Wohin mit dem Fäkalientank?

In den kommenden Jahren werden mehr und mehr Länder zur Auflage machen, dass alle Yachten mit einem Fäkalientank ausgestattet sind. Bei der Nachrüstung – und auch beim Neukauf eines Bootes – sollte die Position des Holdingtanks im Schiff geprüft werden.

Ist er im Kiel eingebaut, so ist er zwar gut aufgehoben und weit weg, wenn es aber Probleme gibt, dann ist es bei manchen Yachten schier unmöglich dort unten im tiefsten Schiffskeller zu reparieren.
Einen wichtigen Platzierungsaspekt stellt die Frage dar: Unter oder über der Wasserlinie? Jeder Tank wird eine Entsorgungsöffnung brauchen, durch die im Hafen an der Dumpstation der Holdingtank leergepumpt werden kann

(gibt es hier eigentlich ein weltweit genormtes Anschlussstück? Egal – nicht unser Thema).

Bei Montage unter Wasser kommen zusätzlich zum eigentlichen Tank nicht unerhebliche Kosten für eine elektrische oder manuelle Fäkalienpumpe hinzu. Diese Technik ist anfällig und muss gewartet werden (wie schön…) und Ersatzteile sind von Zeit zu Zeit nötig. Bei einer Handpumpe muss zudem die Lenzarbeit mit Muskelkraft erbracht werden.

Wird dagegen der Fäkalientank so hoch als möglich über der Wasserlinie angebracht, so pumpt jeder Toilettenbenutzer »seinen« Teil in den Tank. Die gängigen Bord-Toilettenpumpen haben mit dem Höhenunterschied keine Probleme – ein Rückschlag-/Lippenventil ist serienmäßig meist bereits eingebaut.

Der Clou bei dieser Montageart ist, dass zum Entleeren des Tanks (auf hoher See) lediglich das entsprechende Seeventil geöffnet wird und dank der Schwerkraft entleert sich der Tank ohne weiteren manuellen oder elektrischen Energieaufwand von selbst!

Sicherheit an Bord

Baden von der Yacht aus

Beim Törn in warmen Segelrevieren gehört das erfrischende Bad von Bord aus mit dazu. Ein besonderes Erlebnis stellt der Sprung ins kühle Nass weitab der Küste auf der offenen See dar. Hier wird die Weite des Ozeans direkt erlebt.

Allerdings gehören auch einige Sicherheitsvorkehrungen dazu, damit aus dem Jux nicht bitterer Ernst wird. Schon mehrmals wurden herrenlos treibende Yachten entdeckt, die keinerlei Schäden aufwiesen, wo aber von der Crew keine Spur mehr war.
Mit großer Wahrscheinlichkeit hatte die Crew ein Bad nehmen wollen, aber weder blieb ein Crewmitglied zurück an Bord noch war die Badeleiter heruntergelassen. Die hohe Bordwand war vom Wasser aus dann nicht mehr zu erklimmen...
Ergo sollte solch ein Unterfangen nur bei Flaute und außerhalb von Fahrwassern und sonstigen Schifffahrtslinien begonnen werden – Sicherheit geht vor!
Die Segel werden vorsichtshalber geborgen, denn bereits ein kleiner Windhauch bringt das Boot auf Touren, und die Schwimmer haben Mühe hinterher zu schwimmen. Ein Crewmitglied, das auch mit der Handhabung der Maschine vertraut ist, bleibt an Bord zurück. Die Badeleiter gehört ins Wasser heruntergelassen. Jetzt kann der Badespaß beginnen.

Sehr beliebt ist auch eine an Deck belegte (schwimmende) Leine ins Wasser zu geben, an dem sich die Badenden hinterher ziehen lassen. Vorsicht vor dem Propeller für Beine und Tampen!

Überzieher für die Leinen

Mancher Bootsfahrer zieht es vor, abseits der überfüllten Häfen und Marinas in lauschigen Buchten zu ankern – oft mit zwei langen Achterleinen zum Land, die an großen Steinen gefestigt werden. Doch das macht kein Tauwerk lange mit,

denn die scharfen Spitzen und Kanten der Felsen setzten dem Material arg zu. Auch in den Häfen sieht es manchmal ähnlich aus.

Scharfkantige Steine, rostige Poller und raue Festmacherringe sind der Tod für jede Leine.
Mancher Eigner lässt sich Kauschen in die Enden seiner Festmacher einspleißen, in die dann Ketten gesteckt werden, die mittels eines Karabiners um Poller, Ringe, Steine oder Bäume geschlossen werden. Eine sichere Version, die allerdings den Nachteil hat, dass solche Eisenpakete beim Anlegen nur schwer von der Yacht zur

Pier geworfen werden können – von der Gefährdung herumstehender Personen einmal abgesehen. Auch kann man eine solchen Festmacher nicht auf Slip legen, was beim Ablegen von Vorteil ist.

Leinenschoner in diversen Ausführungen sollen vor Schamfilen bewahren. Ein simpler Lappen, um die Leine gewickelt und zwischen Stein/Poller/Ring gelegt, schützt schon recht gut. Aufgenähtes Leder schützt ebenfalls, muss aber an der richtigen Stelle positioniert sein. Ein Stück Wasserschlauch kann über den Festmacher geschoben und variabel platziert werden.

Aber meist wird das Boot erst einmal festgemacht und dann erst über die »Verhüterlis« nachgedacht. In diesem Fall kann der Wasserschlauch-Abschnitt zur einfachen Verwendung präpariert werden: Mit einem scharfen Messer wird der Schlauch spiralförmig aufgeschnitten. So vorbereitet, kann er auch nachträglich an beliebiger Stelle auf den Festmacher aufgeschoben werden, ohne, dass er gelöst werden muss. Das Schlauchstück ist leicht verschiebbar und kann vor dem Auslaufen genauso wieder abgezogen werden.

So geschützt halten die teuren Festmacherleinen viele Jahre lang.

Roll on, roll off – oder auch nicht…

Von unseren Yachten ist eine dieser praktischen Rollreffanlagen nicht mehr wegzudenken. Kaum ein Fahrtensegler kann sich den Vorzügen dieser einfach zu handhabenden Vorrichtungen entziehen. Aber manchmal hakt's halt! Und dann gibt es Probleme mit der Rollreff-Anlage.

Am einfachsten ist ein Überläufer der Reffleine in der Refftrommel zu beseitigen: Ein Crewmitglied muss auf das Vorschiff, die Reffleine muss entlastet sein und die Leine muss, Wicklung für Wicklung, der Reihe nach gelöst werden. Je nach Wetterlage kann das eine anstrengende und feuchte Angelegenheit werden.
Sollte das nicht zum Erfolg führen, so kann die ausgerollte Genua, bei viel Wind unter Zuhilfenahme einiger Kraft, an den ausgefädelten Fockschoten per Hand um das Vorstag gewickelt werden – Runde für Runde.
Alternativ kann das Vorsegel auch einfach geborgen werden: Fockfall auf und Segel runter.
Auch eine Rollreffanlage altert. Das heißt, dass einzelne Bauteile ausleiern, rosten, oder sich sonst wie in Wohlgefallen auflösen. Die Folge: Probleme beim Einrollen. Auch hier hilft kein Ärgern über den Hersteller, sondern nur Einrollen von Hand oder Bergen der Genua.
Selten, aber auch schon passiert: Das Vorstag dröselt sich auf und die Trommel blockiert. Das Stahl-Vorstag besteht bekanntlich aus mehreren, umeinander gedrehten Drähten, die an beiden Enden in Walzterminals gesteckt wurden und durch hohen Druck dort eingepresst wurden. In seltenen Fällen passiert es, dass – durch Korrosionseinfluss – einer oder mehrere dieser Drähte genau oberhalb des unteren Terminals abreißen und äußerst sperrige Kinken bilden. Diese abstehenden Drähte befinden sich innerhalb der Refftrommel, sind also nicht zu sehen. Aber sie graben sich in das umgebende Material ein, bis nichts mehr geht – die Trommel blockiert. In diesem Fall hilft nur eine Demontage des unteren Teils der Rollreffanlage, das Freilegen der Schadensstelle und das provisorische Zusammenpressen der freiliegenden Drähte mit Bindedraht, festem Tape

oder ähnlichem. Das Vorstag ist jetzt natürlich geschwächt und hält der vollen Belastung nicht mehr stand. Ergo muss eine zusätzliche Sicherung, das Spifall zum Beispiel, das am Bug angeschlagen und straff gespannt wird, einen Teil der Vorstagspannung aufnehmen.
Selbstredend muss auch die Segelfläche diesen Bedingungen angepasst werden.

Total von der Rolle – Die Trommel der Rollreffanlage

Eine Rollfock ist schon eine prima Angelegenheit! Denn keiner muss zum Segelsetzen auf dem Vorschiff rumturnen und mit Stagreitern hantieren – bequem und aus dem Cockpit heraus kann das Vorsegel gesetzt und auch wieder eingerollt werden.

Aber auch nur dann, wenn die Anlage richtig funktioniert. Das beginnt bereits bei der Montage und beim Masttrimm: Zu wenig Vorstagspannung lässt das Vorstag und damit auch das Aluprofil der Reffanlage stark durchhängen. Das verschlechtert nicht nur die Am-Wind-Eigenschaften beim Segeln sondern die Rollreffanlage lässt sich durch den starken Durchhang nur schlecht drehen.
Ein weiterer wichtiger Punkt ist die Führung der Reffleine: Sie muss so angebracht sein, dass die Sorgleine genau im rechten Winkel aus der Refftrommel herauskommt. Tut sie das nicht, so wird sich die Leine einseitig auf der Trommel aufwickeln und sie dann entweder blockieren, oder sie wird über den Trommelrand herunterfallen. Und wiederum geht nichts mehr.
Schließlich kann man auch bei der Bedienung etwas falsch machen, das zum Stillstand führt: Das Vorsegel wird ja bekanntlich einfach an der Fockschot (auf der richtigen Seite!) ausgerollt. Lässt man jetzt die Reffleine einfach lose auf die Trommel wickeln, so wird sie sich vertörnen und Überläufer bzw. sogar richtige Knoten bilden, wenn

das Segel bei Wind weggerollt werden soll. Warum? Ganz einfach, weil die zuerst ganz lose in der Refftrommel liegende Reffleine von den außen liegenden Windungen her strammgezogen wird. Die inneren Wicklungen können da nicht mit, bilden Schlaufen und schließlich eine Blockade. Nur mit dem scharfen Messer ist dem dann beizukommen – auf dem schwankenden Vorschiff eine undankbare und nasse Angelegenheit.
Besser ist es, beim Ausrollen der Fock die Reffleine von einer zweiten Person kontrolliert und mit leichter Spannung auslaufen zu lassen. Jetzt sind die Wicklungen stramm und auch bei viel Wind bereitet das Wegrollen keine Probleme.

Reffen ohne schlagende Segel?

Schön ist so ein Segeltörn! Die frische Brise erzeugt Rauschefahrt. Skipper und Crew freuen sich über maximale Geschwindigkeit. Doch dann frischt der Wind auf, und es wird langsam Zeit zum Reffen. Dem Schiffer ist nicht ganz wohl zumute mit dem vielen Segeltuch und mit der kleinen und wenig geübten Crew an Bord, besonders wenn er daran denkt, wie die herumschlagenden und tosenden Tuchmassen während des Reffmanövers zu bändigen sind.

Aber es geht auch anders – ohne Lärm, ohne schlagende Segel und lose Fockschoten, die der Vorschiffscrew um die Ohren flitzen: Eine ruhige und sichere Methode, die ideal auch für kleine Crews und Einsteiger geeignet ist.
Das Boot wird auf einen moderaten Am-Wind-Kurs gebracht. Der Traveller steht weit in Lee, so dass das Großsegel gerade noch steht und noch nicht killt. Die Fock steht voll und hält die Yacht auf Kurs und Geschwindigkeit. Das ist sehr wichtig, denn der Rudergänger hat während des gesamten Manövers die volle Kontrolle über das Schiff.
Jetzt kann einer aus der Crew auf dem nur wenig gekrängten Deck (mit eingepicktem Lifebelt) nach vorne

Extratipp

Sind Fall oder Reffleinen ins Cockpit umgelenkt, muss sich der Vorschiffsmann natürlich nur um die Reffkausch kümmern.

Extratipp

Bin ich mit kleiner oder ungeübter Crew unterwegs, dann binde ich gleich das zweite Reff ein. Vorteil: Nur, wenn's richtig hart kommt, muss noch einmal in das dritte Reff eingerefft werden, und der Geschwindigkeitsunterschied zwischen dem ersten und dem zweiten Reff ist für mich als Fahrtensegler unerheblich gegenüber der Zunahme an Sicherheit.

an den Mast gehen. Er löst das Großfall und fiert es soweit auf, bis er die Reffkausch in den Reffhaken einhängen kann. Jetzt kann er das Fall wieder durchsetzen.
Es ist noch immer ein wenig Wind im Großsegel. Der Großbaum steht in Lee (Kopffreiheit), und kein Segeltuch schlägt im Wind. Das kommt auch der Lebensdauer des Tuchs zugute!
Als nächster Schritt wird die Lose der Reffleinen durchgeholt und die Leine des aktuellen Reffs stramm festgesetzt – fertig!
Während des gesamten Manövers muss sich niemand um Traveller oder Großschot kümmern. Der, gerade bei Ungeübten gefürchtete Krach des schlagenden Segeltuchs bleibt komplett aus, das Segel wird geschont, und die Fahrt geht währenddessen ohne Feststampfen und mit wenig Krängung weiter. Probieren Sie's mal aus!

Großsegel mit halber Kraft gesetzt

Es gibt zwei Möglichkeiten, um sich den Umgang mit dem schweren Großsegel zu erleichtern.

Bei sehr vielen neuen Yachten wird bereits serienmäßig ein Roll-Großsegel installiert, also ein Mast, in den das speziell hierfür konstruierte Groß hineingerollt wird. Die Handhabung ist denkbar einfach – solange die Anlage gut funktioniert, was sie zum Glück auch meist tut. Allerdings sind Segelfläche und -schnitt nicht so effektiv wie bei einem herkömmlichen Großsegel.
Schon gar nicht vergleichbar sind die Leistungsdaten gegenüber einem Lattengroß. Hier kann die Segelfläche um viele Quadratmeter größer ausfallen, und dank der Latten wirkt das Profil sehr effektiv im Wind. Der Nachteil allerdings ist das vergleichsweise höhere Gewicht dieser Variante.
Damit die Crew beim Setzen dieses recht schweren Segels entlastet ist, kann man einfach einen Umlenkblock am Segelkopf anschäkeln. Durch ihn läuft die Großschot

und bildet somit einen einfachen Flaschenzug mit der Übersetzung 1:2. Das heißt, dass zum Heißen nur die Hälfte der normalerweise nötigen Kraft benötigt wird – allerdings muss das Fall die doppelte Länge haben.
Es ist wirklich verblüffend, wie leicht das Setzen des Großsegels plötzlich von der Hand geht – ideal auch für die kleine (Familien-)Crew.

Leinen richtig aufschießen

Manches Anlegemanöver bekommt eine plötzliche und unangenehme Wendung, wenn's mit den Leinen nicht klappt – wenn die Leinen nicht richtig fliegen beim an Land werfen. Die mit der Leinenübergabe betrauten Crewmitglieder werfen die Leinenbündel mit aller Kraft gen Ufer, aber schon auf halbem Weg klatschen sie total vertörnt ins Wasser. Dies hat verschiedene Ursachen und kann auf einfache Weise vermieden werden.

Segeln aktiv!

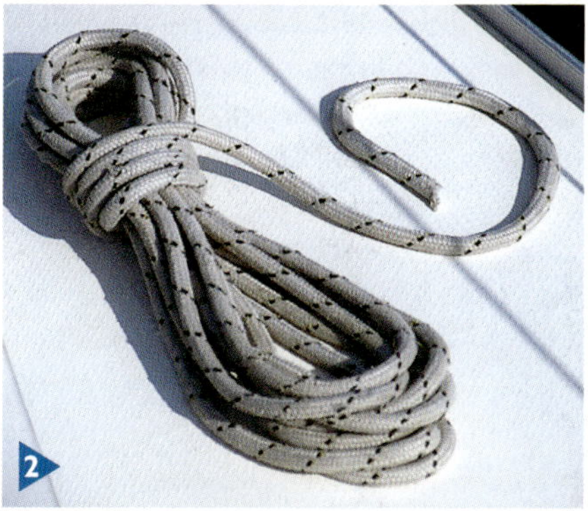
2

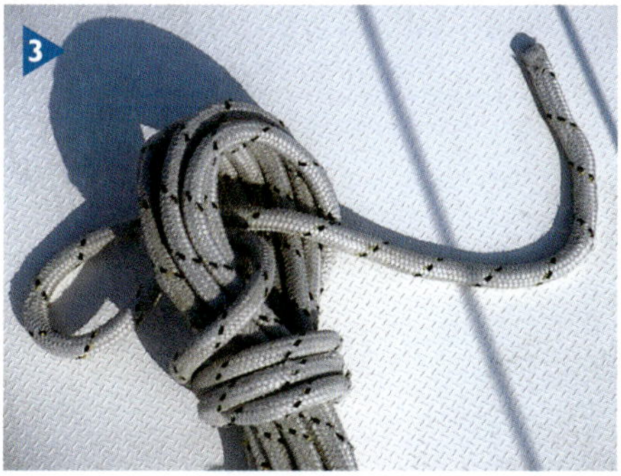
3

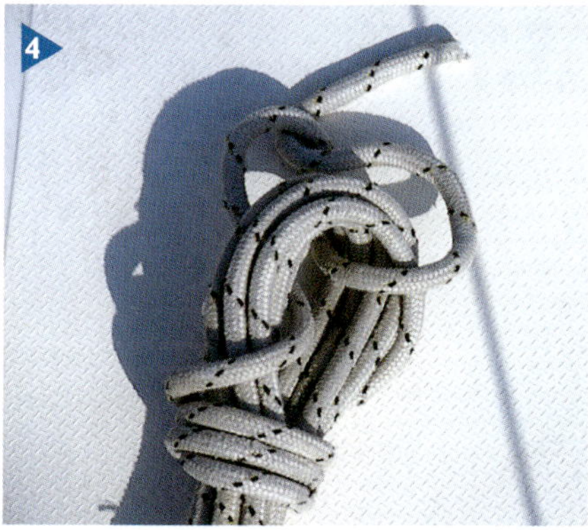
4

5

6

Leinen kann man natürlich wie einen Wäschestrick über Hand und Ellbogen aufwickeln, dann zu einem Bündel verschnüren und in einer Ecke der Backskiste stauen. Sie können aber auch in gleichmäßigen Buchten in die Hand gelegt werden. Dies erreicht man, indem die Leine zwischen den Fingern ein wenig gedreht wird – z. B. rechts wickeln und rechts drehen. Das Leinenende wird mit einigen Rundtörns um dieses Leinenbündel gewickelt, dann wird der letzte knappe Meter nur zur Hälfte durch die obere »Leinenbündelbucht« gezogen und das Ende durch die entstandene Schlaufe gezogen. Mit diesem übriggebliebenen Leinenende kann der Tampen z. B. mit einem Webeleinstek an der Reling zum Trocknen oder in der Backskiste zum Stauen aufgehängt werden.
Wird die Leine gebraucht, ist sie leicht zu finden und sofort einsatzbereit. Man greift immer durch das Leinenbündel und löst die Verschnürung. Jetzt ist das Ende betriebsbereit. Es kann, ohne zu knoten, auch über eine Distanz, die der Leinenlänge entspricht, geworfen werden, denn die einzelnen Buchten entrollen sich im Flug und somit ist das so oft gesehene Vertörnen beim Leinenwerfen ausgeschlossen.

Der Aufzug in den Mast – Der gute alte Flaschenzug

Crew zu schwach? Oder sind Sie gar einhand unterwegs? Immer wieder kommt es vor, dass der Skipper – oder oft auch das leichteste Crewmitglied – rauf in den Mast muss, um ein Fall zu klarieren, Wanten zu überprüfen, oder Schrauben nachzuziehen.

Und da fangen die Probleme an: Wer ist der Leichteste? Wer ist schwindelfrei? Wer kann die anstehende Arbeit überhaupt qualifiziert durchführen? Und für die Bodencrew: Hat sie genug Kraft und Ausdauer, um den/die Auserwählte/n auch hochzukriegen?

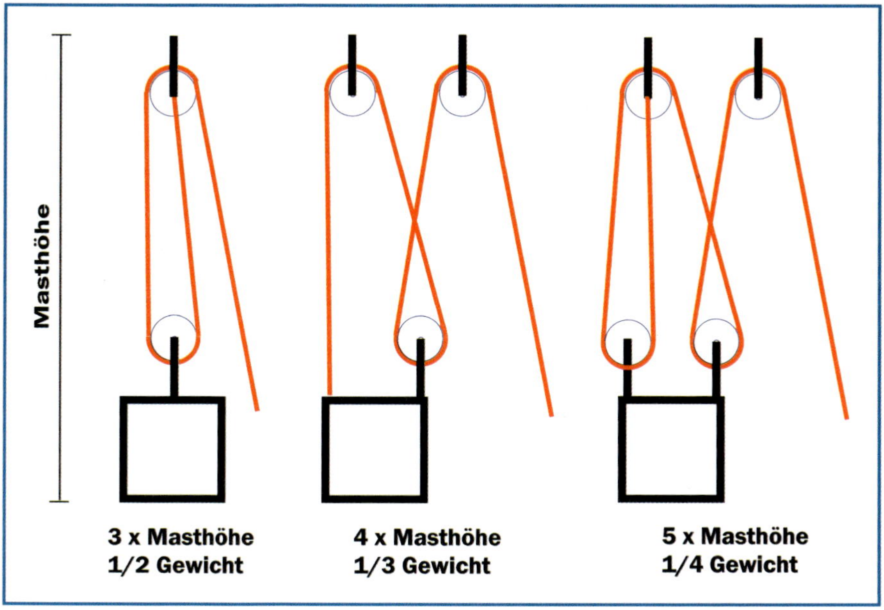

Erinnern wir uns zur Lösung dieser Aufgabe an die alten Windjammer. Dort gab es keine mechanischen oder gar elektrische Winschen. Alle Kraftakte an Bord wurden mit Taljen gelöst. Je nach benötigter Kraft wurden ein- oder mehrscheibige Blöcke mit ausreichend langem(!) Tauwerk eingeschoren, und eine mehr oder minder große Anzahl von Matrosen zog an diesem Flaschenzug. So konnten selbst tonnenschwere Lasten und große Segelflächen bewegt werden.
Auch in der Moderne lässt sich eine Talje z. B. am Großfall bis ins Masttop vorheißen. Am unteren Ende wird der Bootsmannsstuhl befestigt, in welchem der »Maststeiger« Platz nimmt. Je nach Untersetzungsverhältnis fällt es nun auch Nicht-Bodybuildern leicht, eine Person nach oben zu befördern. Ja, bei Untersetzungen ab ca. 4 : 1 kann sich der Maststeiger sogar selbst in die Höhe ziehen!
Eine entsprechend untersetzte Großschottalje mit integrierter Curryklemme lässt sich dafür gut verwenden, denn hiermit kann der Bootsmannsstuhl in jeder belie-

bigen Höhe festgestellt werden. Ein zusätzlicher Sicherungsknoten gegen versehentliches Lösen der Klemme sollte nicht fehlen – genauso wenig wie eine Hilfsperson an Deck, die mit einem zweiten, ebenfalls am Bootsmannsstuhl befestigten Fall die ganze Aktion zusätzlich absichert. So vorbereitet und durchgeführt gelingt die Mastaktion (fast) ohne große Kraftanstrengung – auch bei kleiner Crew.

Der Bullenstander – endlos

Wer mag schon gerne bei schwerem Wetter nach vorne turnen, dort an der Bugklampe den »Bulli« belegen und sich dabei nass schütten lassen? Von der Gefährdung des Vorschiffsmannes ganz zu schweigen!

Die sinnvolle Alternative ist der »endlose Bullenstander«, den ich bei allen von mir gesegelten Yachten einsetze. Eine kräftige Leine, etwa zwei Bootslängen lang und ohne Knoten, wird dazu benötigt.

Man beginnt mit dem einem Ende, das wie üblich an der Baumnock des Großbaumes angeknotet wird. Das freie Ende wird außen um die Wanten herum nach vorne zur Bugklampe geführt, dort aber nicht belegt, sondern nur unten durchgesteckt. Auch unter der zweiten Bugklampe (so vorhanden) wird die Leine durchgeschoben. Auf der anderen Bootsseite geht es wiederum außen um die Wanten herum zur Baumnock zurück. Hier wird auch dieses Ende angeknotet. Eleganterweise lässt sich im Vorschiffsbereich auch ein einfacher Block zum Umlenken des endlosen Bullenstanders montieren.

Jetzt kann der Bulli vom Cockpit aus auf der jeweiligen Luvseite dichtgeholt und zum Beispiel an einer Heckklampe belegt werden – keiner braucht mehr auf das Vorschiff zu klettern.

Vor einer Halse wird der endlose Bullenstander losgeworfen, dann wird das Manöver wie gewohnt gefahren, und auf der neuen Luvseite wird er erneut festgesetzt – fertig.

Feuerdecke gegen Zimmerbrand

Man mag ja gar nicht daran denken, dass an Bord ein Feuer ausbrechen könnte, aber auch hier gilt die Devise: Vorbeugen ist besser als abbrennen.

Wie in vielen anderen Bereichen bietet der Zubehörhandel auch hier eine Auswahl an Löschgeräten an. Vom einfachen Pulverlöscher, wie er auch im Auto Anwendung findet, bis hin zu vollautomatischen Feuerlöschanlagen ist für jeden Geldbeutel und für jede Schiffsgröße das Geeignete zu finden.
Pulver-Feuerlöscher haben allerdings den großen Nachteil, dass das Löschpulver bis in die letzten Winkel eindringt und deshalb nach einem erfolgreichen Löschversuch der durch das Pulver bedingte Schaden weitaus größer ist als der Feuerschaden.
Feuerlöscher mit Kohlendioxid-Füllung und auch der simple Wasserlöscher sind nicht für alle Brände geeignet. Und Halonlöscher sind wegen des umweltschädigenden Gases seit Jahren nicht mehr erlaubt.
Eine Feuerlöschdecke besteht aus nicht entflammbarem und luftundurchlässigem Material. Sie ist in einem praktischen Container verstaut, der an der Kabinenwand angebracht werden kann.
Im Brandfall, zum Beispiel am Herd, zieht man an den heraushängenden Griffstreifen, entfaltet die Decke und stülpt sie über das Feuer. Die Flammen werden erstickt. Wenn die Kleidung an einer Person Feuer gefangen hat, wird die Person samt der brennenden Kleidungsstücke in die Decke eingewickelt.
Die Feuerlöschdecke ist ein wirksames Löschmittel für den kleinen Zimmerbrand, bei dem außer dem eigentlichen Brandschaden keine zusätzliche Verwüstung angerichtet wird.

Fockschoten als Halteleinen

Auf vielen Yachten mit Rollfockanlage hängen die Fockschoten bei weggerolltem Vorsegel lose übers Deck und auch deren Enden sind oft nicht mal belegt.

Lose an Deck herumliegende Leinen stellen eine erhebliche Unfallgefahr dar. Erstens sind sie eine Stolperfalle, zweitens rollen sie mitsamt demjenigen weg, der darauf tritt, so dass sich dieses Crewmitglied mindestens mit blauen Flecken an Deck liegend wiederfindet.
Die Fockschoten können aber auch der Sicherheit dienen: Dazu wird nach dem Wegrollen der Fock zuerst die Fock-Rollerleine strammgezogen und belegt. Danach kommen die Fockschoten dran. Auch sie werden mäßig durchgesetzt, belegt und die Enden aufgeschossen.

Jetzt liegt nichts mehr lose an Deck herum. Das Positive dabei ist, dass man sich an den Schoten, gerade bei Arbeiten auf dem wackeligen Vorschiff, auch mal festhalten kann, wenn das eigene Gleichgewicht gefährdet ist.

Ein Tritt, ein Dreh, das Luk ist auf

Das soll keine Einbruchsanleitung sein, sondern ein Kniff, wie man mit etwas Glück ins Schiff kommt, wenn der Rest der Crew mitsamt dem Bootsschlüssel in die Tiefen der Hafenkneipen unauffindbar abgetaucht ist.

Haben Sie schon mal probiert, eine Decksluke mit Griffen außen am Deckel vom Deck aus zu öffnen oder zu schließen? Bei einer neuen Luke mit völlig intakter Gummidichtung geht das ziemlich schwer. Wenn man aber auf den Rand des Lukendeckels draufsteigt und diesen mit seinem Körpergewicht beschwert, wird die Dichtung zusammengedrückt, und die Decksluke lässt sich leicht öffnen oder verschließen.

Was aber, wenn das Luk über keine Außengriffe verfügt und sie trotzdem geöffnet werden muss? Der Kniff funktioniert fast genauso: Man steigt mit der Ferse direkt auf den außenliegenden »Gegenknubbel« des innenliegenden Verriegelungsgriffes. Und jetzt mit dem Fuß ein fester Dreh nach links oder rechts, wie wir ihn in der Tanzstunde gelernt haben, und schon dreht sich der Lukenriegel mit, und das Luk ist zu öffnen! Bei Decksluken, die mit einer Sperre von innen abgeschlossen und verriegelt sind, funktioniert dies natürlich nicht.

Extratipp

Charterer, die ihre Wertgegenstände auch nach dem Landgang noch vorfinden möchten, sollten diesen Kniff in manchen Gegenden der Welt vor Verlassen ihrer Yacht ausprobieren.

Gurtband als Laufleine – Sicherheit an Deck

Wenn der Wind auffrischt und die Wellen höher schlagen, ist es höchste Zeit sich darüber Gedanken zu machen, wie die Crew bei ihrer Arbeit an Deck gesichert werden kann.

Ein probates Mittel, um ein Über-Bord-Fallen wirksam zu verhindern, ist das Spannen einer Laufleine vom Heck des Bootes bis nach vorne zum Bug. Je nach Deckslayout wird diese Leine an verschiedenen Punkten, z. B. am Mast, zusätzlich befestigt. Verläuft die Laufleine weitgehend in der Schiffsmitte, dann ist die Gefahr, dass ein stürzendes Crewmitglied gänzlich über Bord geht, durch die Länge der am Lifebelt befestigten Lifeline begrenzt.

Eine solche Laufleine hat aber auch einen großen Nachteil: Sie ist rund! Und das heißt, dass sie einfach wegrollt, wenn man drauftritt. Die Folge: Der Mitsegler verliert das Gleichgewicht und stürzt! So kann gerade diese, eigentlich der Sicherheit dienende Leine zur Unfallursache werden.

Statt der Leine lässt sich stabiles Gurtband verwenden. Dieses Band rollt unter den Bootsschuhen nicht weg und kann auf manchen Yachten sogar permanent angeschlagen bleiben. Zu bekommen ist es im Zubehörhandel – als Gurtband, wie es auch als Anker-»Leine« Verwendung findet, verfügt es über eine hohe Festigkeit.

Vor- und Achterleinen – und die Klampe

Gut vorbereitet klappt's auch mit dem Anleger, aber: Oft genug kann man beim Einlaufen von Yachten in einen Hafen oder in eine Marina ein richtiges Spektakel beobachten.

Das Boot kommt herein, Skipper und Crew äugen nach einem passenden Liegeplatz, der dann auch gefunden wird, der Skipper steuert diese Lücke auch an, und kurz bevor die Yacht an Pier oder Steg ankommt, besinnt man sich auf die doch so dringend benötigten Leinen zum Festmachen. Jetzt kommt Bewegung ins Spiel. Backskisten werden geöffnet, nach den Festmachern wird gefahndet, sie finden sich garantiert zuunterst, und hektisch werden die Leinen an den Klampen belegt. Der Skipper hat inzwischen seine Ansteuerung abgebrochen, weil es zu lange gedauert hat. Kommt die Yacht dann aber endlich in die Nähe des Kais, dann wirft die Crew die Festmacherleinen zwar mit Schwung in Richtung Mauer, aber schon nach wenigen Metern fallen die jetzt verdröselten Leinenbündel ins Wasser und das Anlegemanöver auch.

Vor- bzw. Achterleinen gehören von außerhalb der Reling auf die Klampe geführt und dort mit einem Kopfschlag belegt. Dem Kopfschlag ist gegenüber einem Palstek oder ähnlichen festen Knoten der Vorzug zu geben, denn dieser lässt sich auch bei Last wieder lösen – von außen zur Klampe, damit die Leine nicht über der Reling zu liegen kommt und diese im schlimmsten Fall verbiegt oder gleich ganz wegreißt.

Wird die Leine in ordentlichen Buchten aufgeschossen, dann lässt sich das Leinenbündel auch über eine größere Distanz werfen, und das fliegende Leinenbündel kommt ohne sich zu verknoten am Ufer an.

Sind die Festmacher lang genug, dann können sie vom Kai aus auch wieder an Bord zurück geführt werden und an Deck auf den Klampen mittels Kopfschlag belegt werden. Vorteil: Beim Ablegen muss kein Crewmitglied am Ufer die Knoten lösen und dann mit letzter Kraft auf das bereits wegfahrende Boot springen. Bequem vom Schiff aus können die Leinen – gerade auch von einer kleinen Crew – bedient werden.

Wie tief ist das Wasser?

Eine Frage, wie man sie bei Schiffen mit eingebautem Echolot eigentlich gar nicht stellen müsste. Aber auch ohne den Blick auf das Anzeigegerät lässt sich am Verlauf der Küsten-

formation oft die Wassertiefe in Ufernähe abschätzen. Natürlich dient dies nur als Zusatzinformation zu den Angaben in der Seekarte.

Fährt man an einer flachen Küste oder an einem breiten Sandstrand entlang, dann wird es auch eine bis weit ins Meer hinein reichende Flachwasserzone geben. Ein gehöriger Respektabstand ist anzuraten.
Kommt dagegen eine Steilküste näher mit senkrechten Felswänden, die direkt aus dem Wasser steigen, dann werden diese Wände auch unter Wasser senkrecht dem Grund zustreben. Besondere Vorsicht ist an solcher Küste vor einzelnen, knapp unter Wasser liegenden Felsklötzen geboten, die senkrecht aus großen Tiefen hochragen können.
Allgemein kann gesagt werden, dass der Meeresboden meist etwa in dem selben Winkel abfällt, wie das Ufer aus dem Meer ansteigt.

Trotzdem

Diese Augapfel-Navigation kann das Seekarten-Studium lediglich ergänzen, denn Ausnahmen – in diesem Fall »nautische Hindernisse« – bestätigen wie immer die Regel!

Drei links, drei rechts, keinen fallen lassen

Beim »römisch-katholischen« Anlegen, also vor Buganker mit Heckleinen zur Pier, ist es immer wieder interessant, wann, wie und wo die Fender angebracht werden.

Die einen verzichten überhaupt auf diese Gummiwürste, wohl, um ihr Schiff nicht schmutzig zu machen, oder um den ästhetischen Anblick nicht zu schmälern... Das hat irgendwann dann Blessuren an den Bordwänden zur Folge.
Andere binden ein oder zwei Fender in der Nähe der Schiffsmitte an und fühlen sich dann gut geschützt. Erst recht, wenn (meist ein weibliches Crewmitglied) mit einem Lauffender auf Posten auf dem Kajütdach platziert wird.
Beim Rückwärts-Einparken ist jedoch das Heck dasjenige Teil, welches als erstes mit Nachbarschiffen in Kontakt

ORION

ORION

kommen kann. Also gehört hier auch der erste und wichtigste Fender hin. Dieser, und auch die übrigen Gummis, gehören bei den meisten Yachten mit ihrer Oberkante auf eine Höhe knapp unter dem Seitendeck gezurrt.
Die Schiffsmitte ist die breiteste Stelle und somit werden sich nach dem Einrangieren hier weitere Berührungspunkte ergeben. Ergo: Auch hier ein Fender.
Die vordere Bootshälfte benötigt ebenfalls einen Fender, denn wie schnell dreht sich der Bug während des Anlegemanövers durch Seitenwind nach Lee und dann ist dort ein wirksamer Schutz notwendig. Weitere verfügbare Gummipuffer erhöhen die Schutzwirkung.
Dass die Fender auf beiden Seiten ausgebracht werden, ist selbstverständlich.
Schließlich noch einer ans Heck, dann kann notfalls auch das Schaltgestänge mal haken, und es wird kein großer Schaden angerichtet.
Hat der Anleger geklappt und die Yacht liegt fest, dann kann der Skipper Position und Höhe der Fender in Bezug auf die Nachbarschiffe nachjustieren.
Wenn Anker, Leinen und Fender frühzeitig vorbereitet werden, dann hat die Crew keine Hektik und sogar Zeit für einige Fotos bei der Einfahrt in den Hafen. Auch beim Ablegen bleiben die Gummiwürste zur Sicherheit an der Bordwand.
... und: Der oben zitierte Lauffender ist überflüssig geworden und kann bei der Bedienung der Achterleinen aktiv mithelfen.

Seemannschaft

Barberhauler selbstgemacht

Auf manchen Kursen zum Wind wünscht man sich bessere Kontrolle und Trimmmöglichkeit des Vorsegels, des Blisters oder Spinnakers. Aber nicht auf allen Yachten, gerade auf Charteryachten, sind regattamäßige Trimmhilfen vorhanden.

Ein Barberhauler stellt eine einfach herzustellende, aber effektive Trimmhilfe dar. Er dient der zusätzlichen Kontrolle des Segel-Holepunktes zum Verstellen nach außen oder innen bzw. weiter nach vorn oder nach achtern.
Zum Anbringen dieser Trimmleine gibt es verschiedene Möglichkeiten: An der Fußreling zum Beispiel. Viele dieser Aluminiumprofile verfügen bereits über eine entsprechende Perforierung, die das Anbringen des Barberhaulers vereinfacht. Natürlich kann man auch an geeigneter Stelle ein Loch in eine nicht gelochte Fußreling bohren.
Auch auf dem Kajütdach gibt es auf verschiedenen Yachten stabile Decksbeschläge, die als Fußpunkt für den Barberhauler geeignet sind. Bei der eigenen Yacht lässt sich ein Beschlag an fast beliebiger Stelle montieren. Die Püttingeisen könnten ebenfalls hierfür in Frage kommen.
An diesem Fußpunkt wird entweder ein Bändsel, ein Schäkel oder ein Karabiner befestigt. Am besten ist jetzt natürlich eine Umlenkrolle, die das Fieren und Holen der Trimmleine ohne große Reibung ermöglicht. Wenn's schnell gehen muss oder wenn kein Block zur Hand ist,

dann kann die Barberhaulerleine auch direkt durch Schäkel oder Karabiner geschoren werden.
Das eine Ende der Trimmleine kommt entweder direkt an das Schothorn von Genua, Fock, Spi oder Blister, oder sie wird mit einem weiteren (Klapp-)Block frei beweglich auf der Schot gefahren. Das andere Ende wird nach hinten ins Cockpit geführt und kann dort über eine Winsch gefahren oder auf einer Klampe belegt werden.
Auch für Charterer ist ein Barberhauler als effektive Trimmhilfe interessant, denn außer einem Schäkel und einigen Metern relativ dünner Leine ist für die Einfachversion keine zusätzliche Technik nötig, und der Zeitaufwand zur Montage beschränkt sich auf wenige Minuten.

Kleiner Flaschenzug am Flaggstock

Das An-Bord-Holen und Abfieren von schweren Gegenständen aus und in das Beiboot ist nicht immer einfach – zu schnell bekommt man das Übergewicht und die wertvolle Fracht platscht ins Wasser. Davon betroffen kann die schwere Einkaufstasche genau so sein wie der Außenborder, der an das Heck des Dingis montiert werden soll.

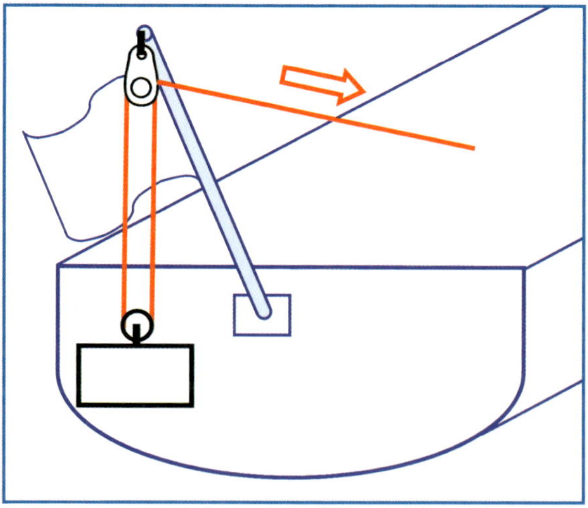

Auf großen Yachten lässt sich ein richtiger Kranarm mit Hydraulik-Steuerung installieren, der nicht nur die kleinen Sachen, sondern gleich das gesamte Beiboot an Deck hievt. Manche Eigner montieren einen manuell über Taljen zu bedienenden Auslegerarm, um die schweren Teile heben zu können.
Auf kleineren Yachten haben solche Konstruktionen in der Regel keinen Platz.

Aber eine Art Kranarm mit einem Flaschenzug dran lässt sich an einem extra kräftigen Flaggstock montieren! Dieser kann dann zwar nicht gedreht werden, um seine Last bequem im Cockpit bzw. im Beiboot aufzunehmen, aber immerhin überwindet er den Höhenunterschied zwischen Wasserlinie und Yachtheck.
Eine Talje kann man auch an der Großbaumnock anbringen. Der Baum wird außenbords geschwenkt und kann so die Last vom parallel an der Bordwand liegenden Dingi aufnehmen und an Deck heben.
Für solche Hebearbeiten leistet dieser einfache Kran überaus wertvolle Dienste.

Lange Reißleine für Schnappschäkel

Nicht nur auf Segelyachten, auch auf Motoryachten werden Schnappschäkel verwendet. Sie sind praktisch, da leicht zu öffnen und zu schließen. Üblicherweise hängt ein kurzer Tampen am Verschlussbolzen, damit der Schäkel durch einfachen Zug an der Leine geöffnet werden kann.

Für die meisten Anwendungsfälle reicht dies auch vollkommen aus. Manchmal ist es allerdings wünschenswert, dass der Schnappschäkel mit einer Art Fernauslösung versehen wird. Dies kann interessant sein am Schothorn eines Spinnakers oder an derjenigen Leine, mit der das Beiboot von Deck aus ins Wasser abgefiert wird. Es braucht keiner mehr in das Dingi zu klettern, um die Leine/n zu lösen.
Die lange Reißleine wird an den Verschlussbolzen geknotet. Das andere Ende wird z. B. mit einem Webeleinstek am Fall oder an der Davitleine mit gleicher Länge belegt, damit die Leine nicht lose rumbaumelt. So ist sie immer griffbereit.

Mobile Spi-Holepunkte

Regattayachten verfügen meist über eine ordentliche Ausstattung mit Beschlägen für die verschiedensten Anwendungsbereiche und Trimmleinen für diverse Vor- und Unterlieken, Mastkurven, Holepunkte usw. Auf Fahrtenyachten ist das Angebot oft sehr dürftig. Entweder muss nachgerüstet werden, oder es werden mobile Hilfsmittel ausgetüftelt.

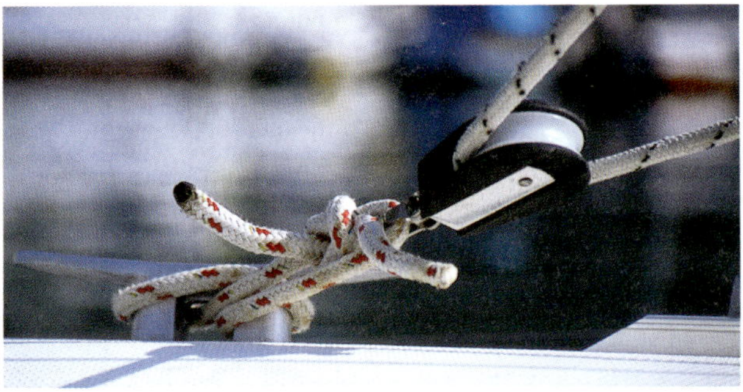

Wie zum Beispiel die Umlenkblöcke für Spinnaker oder Blister. Wenn keine dieser Umlenkrollen nahe dem Heck der Yacht werksseitig montiert sind, dann kann man sich mit folgender einfacher Konstruktion wunderbar behelfen: An einem kräftigen einscheibigen und preiswerten Umlenkblock wird ein kurzer Tampen mit einem Achtknoten befestigt. Die entstandene Schlinge legt man über die Heckklampe in der Form, dass der Block frei schwingen kann, z. B. frei von der Heckreling.

Spi oder Blister kann jetzt angeschlagen werden. Schot bzw. Achterholer werden durch diese Umlenkrolle gefädelt und können im Cockpit auf einer Winsch gefahren werden. Zum Verstellen dieses Holepunktes bietet sich, wie beim Regattaschiff auch, ein Barberhauler an (siehe »Barberhauler selbstgemacht«).

So ausgerüstet steht dem Vergnügen mit den bunten Vorsegeln nichts mehr im Wege. Sogar der Charterskipper kann mit einem mitgebrachten Block der Genua seiner Charteryacht Flügel verleihen.

Bei Nichtgebrauch verschwinden die Umlenkrollen schnell und unkompliziert unter Deck oder in der Backskiste.

Steht der Mast gerade?

Mancher Fahrtensegler wundert sich, dass seine Yacht auf einem Bug schneller segelt als auf dem anderen bzw. dass die Logge unterschiedliche Geschwindigkeiten anzeigt.

Das kann daran liegen, dass der Geber der Logge nicht genau mittschiffs montiert ist und er somit, je nach Lage des Schiffsrumpfs, unterschiedlich schnell vom vorbeifließenden Wasser angeströmt wird. Der Effekt ist eine unterschiedliche Geschwindigkeitsanzeige für Kurse über Backbord oder Steuerbord, obwohl das Boot jeweils gleich schnell segelt. Eine andere Möglichkeit ist aber, dass tatsächlich ein Geschwindigkeitsunterschied vorhanden ist, der darauf zurückzuführen ist, dass der Mast nicht gerade steht.

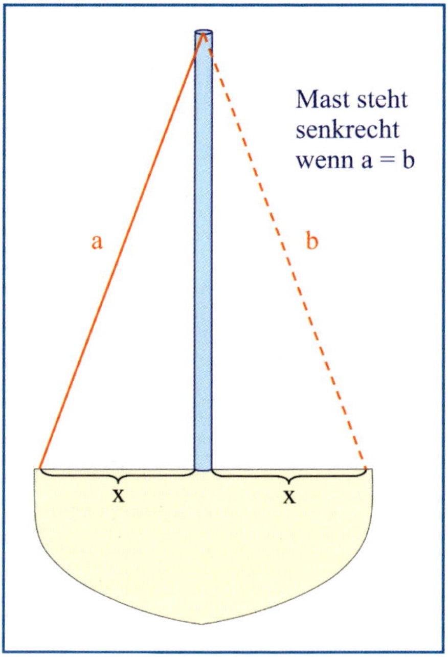

Zur Überprüfung wird einfach das Großfall verwendet. Auf einer Seite z. B. bis zur Fußreling heruntergezogen – zum Beispiel genau neben dem Püttingeisen – wird die Länge des Falls markiert. Auf der gegenüberliegenden Seite am symmetrischen Ansatzpunkt gemessen zeigt sich, ob der Mast zur Steuerbord- oder zur Backbordseite geneigt ist.
Achtung: Wenn die Umlenkrolle des Falls nicht in der Mitte des Masttop-Beschlages eingebaut ist, ist der Messwert entsprechend zu korrigieren. Jetzt können die Wanten nachgespannt werden, bis der Spargel lotrecht steht. Für Regattacracks ist diese Methode zu ungenau. Sie verwenden ein Maßband, mit

dem auf den Zentimeter genau gemessen wird, aber für den ambitionierten Fahrtensegler reicht es aus.

Leine bei gebrochenem Gaszug

Keine Yacht ist vor Ausfällen sicher. Gelegentlich geht eben etwas kaputt. Meist genau dann, wenn passende Ersatzteile weit weg sind. Dann ist Improvisationsgabe gefragt. Wie bei dem manchmal vorkommenden Problem, dass der Bowdenzug des Gashebels bricht.

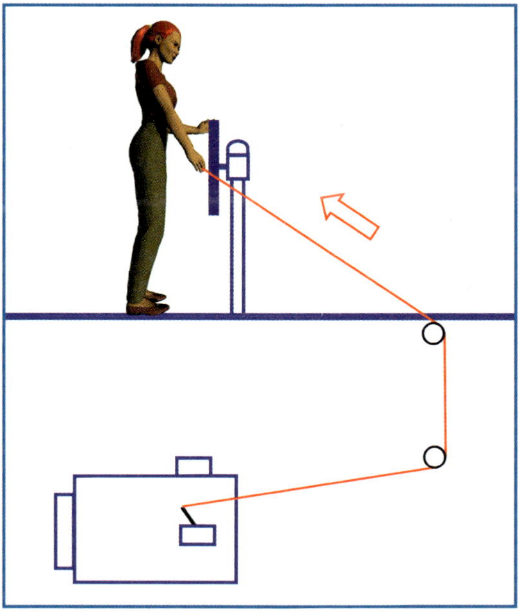

Mit Bordmitteln lässt sich diese Panne nicht beheben. Der gesamte Gaszug muss ausgetauscht werden, denn die gebrochene Stahlseele kann nicht geflickt werden. Trotzdem kann die Yacht weiterfahren – es muss nur ein provisorischer Gaszug installiert werden.

Eine dünne Leine genügt für dieses Vorhaben. Der kaputte Bowdenzug wird unten am Motor abgeschraubt. An seine Stelle kommt die Leine. Mit geeigneten Umlenkungen – Blöcke wären optimal, aber Schäkel, Karabiner o. Ä. tun es auch, wenn auch die Reibung größer ist – wird die Leine durch den Motorraum und dann nach oben in das Cockpit geführt. Mit etwas Glück kann man den Motorraum auch wieder verschließen, ohne das »Gasseil« zu beklemmen. Notfalls bohrt man ein kleines Loch zum Durchführen der Leine. Und nun: Ein Zug am Strick und der Motor gibt Gas!

Wünschenswert wäre jetzt noch, dass die Motor-Drehzahl konstant bleibt, ohne dass man ständig die »Gasleine« in der Hand halten muss. Dies kann durch eine proviso-

risch montierte Kamm- oder Curryklemme geschehen, in welcher die Leine positioniert wird.
Sehr komfortabel ist eine Lösung mit einer gewöhnlichen Schraubzwinge. Sie wird an der Steuersäule oder an sonstiger passender Stelle festgeschraubt und das Gasseil an ihr festgeknotet. Die Zwinge fungiert als Gashebel: Durch Ziehen an der Schraubzwinge wird Gas gegeben, der Schraubzwingen-Gashebel nach vorn verringert dagegen Drehzahl und Fahrt!
Vielleicht muss die Leine durch die Backskiste oder über das Heck in das Cockpit geführt werden. Hauptsache ist, dass die Maschine von Deck aus bedienbar ist. Dann braucht das nächste Ersatzteillager auch nicht gleich hinter der nächsten Huk zu liegen.

Hand- oder Fußpumpen sparen Süßwasser

Wasser an Bord ist kostbar. Die Wassertank-Kapazität an Bord ist eigentlich immer zu gering, oder das Schiff wird mit großen Tanks zu schwer und zu langsam, ... und überhaupt: Die Crew verbraucht einfach viel zu viel des wertvollen Nasses.

Mit einer zusätzlichen Hand- oder noch besser Fußpumpe lässt sich wirkungsvoll Wasser einsparen, denn man pumpt immer nur gerade so viel, wie man tatsächlich auch benötigt. Bei einer elektrischen Wasserpumpe läuft das Wasser, z. B. beim Händewaschen auch dann, wenn man sich die Hände seift. Natürlich soll keiner auf die Vorzüge einer Druckwasserversorgung verzichten, gerade beim Spülen oder Duschen ist dieser Komfort sehr geschätzt, aber die vielen Male, wo regelmäßig nur eine kleine Menge Wasser be-

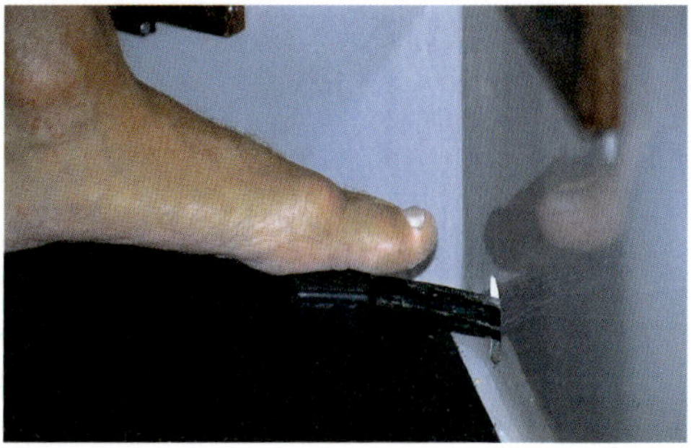

nötigt wird, summieren sich auch. Eine manuelle Wasserpumpe wird an einen extra Abzweig der Wasserleitung, der zwischen Tank und Druckwasserpumpe abgeht, angeschlossen. Sie bekommt einen eigenen Auslauf z. B. in der Pantry.
Eine weitere manuelle Wasserpumpe fördert Seewasser von außenbords direkt in das Spülbecken, wo schmutziges Geschirr vorgespült und vom gröbsten Schmutz befreit wird. Und dies ohne die Tankvorräte angreifen zu müssen!

Vaseline ist kein Allheilmittel

Schmieren, ölen, einfetten, gangbar machen… – dies alles sind ständig wiederkehrende Tätigkeiten an Bord. Dem Eigner steht eine schier unübersehbare Auswahl an Sprays, Tuben und Flaschen zur Verfügung. Sowohl der Yacht-Ausrüster als auch der heimische Baumarkt halten eine Vielzahl von Produkten bereit – jedes für seinen speziellen Einsatzzweck.

Der Skipper steht vor der Qual der Wahl. Meist wird er nicht geneigt sein, eine komplette Kiste nur für die diversen Schmiermittel zur Verfügung zu stellen, also muss nach Produkten gesucht werden, die universell einsetzbar sind, oder die zumindest ein breites Einsatzspektrum haben.
Deshalb steht Vaseline ganz oben auf der Liste. Es verfügt über hervorragende Gleiteigenschaften, ist von transparenter Farbe, es bleibt dauerhaft gleitfähig und kostet nicht viel. Reißverschlüsse, Blöcke, Tavellerschienen usw. flutschen »wie geschmiert«. Vaseline eignet sich zum Schmieren und Konservieren an Bord. Konservendosen und sogar rohe Eier werden damit haltbar gemacht. Mit diesem Stoff eingeschmiert, fangen die Dosen nicht an zu rosten und die Eier bleiben lange Zeit frisch!
Aber eines darf man nicht tun: Vaseline gehört nicht an Gummiteile! Kommen diese beiden Stoffe zusammen, dann wird der Gummi weich und wellig, ja sogar porös.

Hierzu gehören Luftventile vom Beiboot, Taucheranzüge und deren Verschlüsse und andere Gummi- und Latex-Erzeugnisse.
Zu beziehen ist Vaseline im Baumarkt oder auch in der Apotheke. Die kleinen Tuben sind praktisch und preiswert.

Getrennte Kreise für Motor und Verbraucher

Strom an Bord stellt beileibe keinen Luxus dar. Allerdings werden die Ansprüche, also die benötigten Kapazitäten immer größer. Und wenn der Strom für die Zusatzverbraucher aus der Starterbatterie entnommen wird, kann es schnell passieren, dass der Schiffsmotor mangels Saft keinen Mucks mehr macht und seinen Dienst wegen Strommangel quittiert. Ein geschicktes Strommanagement ist also angesagt.

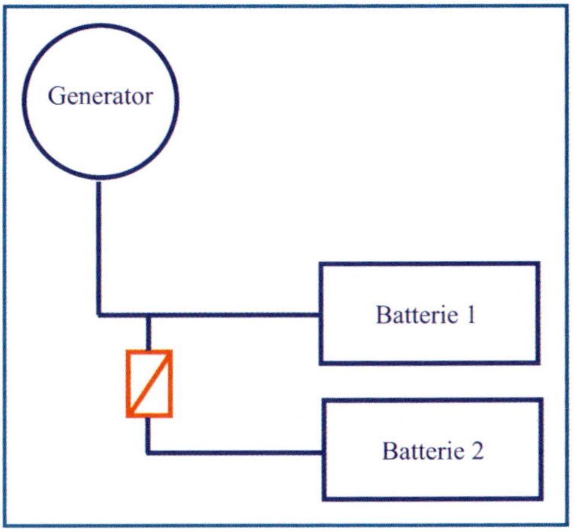

Auf vielen Yachten werden deshalb getrennte Batterien für den Anlasser und für die sonstigen Verbraucher installiert. Es gibt verschiedene Methoden, um die beiden Batteriesätze zwar zusammen aufzuladen, aber wenn die Hauptmaschine abgestellt wird, dann sollen diese beiden Stromkreise völlig voneinander getrennt werden.
Ein mechanischer Schalter ist die einfachste Möglichkeit. Wenn der Skipper daran denkt, dann schaltet er die beiden Batterien zum Aufladen, also wenn die Hauptmaschine läuft, parallel, und wenn der Motor abgestellt wird, dann trennt er sie wieder. Auf diese Weise kann er wahlweise Batterie 1 oder Batterie 2 als Verbraucherakku schalten. Wenn er daran denkt!

Trenndioden sind eine erprobte Technik, die diesen Job automatisch erledigen. Allerdings bewirkt der an diesen elektronischen Bauteilen entstehende Spannungsabfall, dass die Bordakkus nicht vollständig geladen werden.
Denkbar sind sicherlich auch zwei getrennte Lichtmaschinen, welche die beiden dann total unabhängigen Stromnetze mit Elektrizität versorgen, aber dies ist eine aufwendige Bastelei am Motor.
Simpel ist dagegen die Installation eines Batterie-Trennrelais, wie es von Bosch seit Jahrzehnten hergestellt und im Automobilbau eingesetzt wird. Dieses Relais wird so verschaltet, dass es sich automatisch einschaltet, wenn die Ladekontrollleuchte nach dem Starten des Schiffsdiesels verlischt. Wird er abgestellt, so schaltet auch das Relais wieder ab. Die Funktionsweise: Beim Einschalten werden die beiden Batteriesätze einfach parallel geschaltet. Alle Batterien werden gleichmäßig geladen. Beim Abschalten werden die beiden Stromkreise wieder voneinander getrennt.
Jetzt kann es nicht mehr passieren, dass wegen Vergessens einer Kabinenbeleuchtung die Batterien leergelutscht sind und der Motor nicht mehr startet.

Infusion für den Motor

Schiffsmotoren bedürfen der regelmäßigen Wartung und Pflege. Die wichtigste Handlung jeden Skippers ist die regelmäßige Kontrolle des Ölstandes.

Lästig ist allerdings das Nachfüllen von Motoröl: Kännchen aus dem Öl-Kanister auffüllen, Motorabdeckung entfernen, Öl-Einfüllschraube öffnen, dann das Motoröl vorsichtig einfüllen, ohne zu verschütten, und das Ölkännchen wieder aus dem Motorraum jonglieren ... Eine regelmäßig wiederkehrende unangenehme Arbeit.
Mit dem festen Einbau eines »Öl-Infusionsgerätes« ist hiermit Schluss. Wie im Krankenhaus wird ein (ölfestes) Infusionsgefäß hoch über dem Motorblock aufgehängt

und mit einem Schlauch versehen, der bis zur Einfüllöffnung reicht. An seinem Ende versperrt ein kleiner Absperrhahn die Röhre.
Wird nun Öl benötigt, so werden lediglich die Öl-Einfüllöffnung am Motor und der Absperrhahn am Schlauch geöffnet, und das frische Motoröl fließt in die Maschine. An der Infusionsflasche lassen sich Markierungen anbringen, so dass man immer weiß, wie viel Öl aufgefüllt wird. Nur noch von Zeit zu Zeit muss dann frisches Öl in das Depotgefäß nachgefüllt werden. Dies kann direkt vom großen Kanister aus geschehen – schnell und tropffrei.

Komfort

Schatten an Bord

Für viele ist Wassersport vor allem eine Sommerbeschäftigung, denn erst bei Sonne und angenehmen Temperaturen machen Segeln und Motorbootfahren so richtig Spaß.

Im Hochsommer und in südlichen Gefilden wird es oft zu viel der Sonne, und Schatten muss her. Neben dem auf Yachten üblichen Sonnensegel oder Bimini-Top leistet ein simpler Sonnenschirm angenehme Schattierungsdienste.
Solch ein Schirm ist in jedem Touristik-Shop am Strand für wenig Geld zu bekommen. Die Metallteile rosten zwar mit der Zeit, aber einige Jahre lang hat man mit solch einem Schattenspender seine Freude.
Montiert werden kann der Sonnenschirm an Bord auf vielfältige Weise: An der Reling wird er einfach dort fest gebändselt, wo er gerade benötigt wird. Im Cockpit zurrt man ihn an die Steuersäule, zum Beispiel zum Schutz des Rudergängers bei längeren Flautenfahrten.
Quasi-stationär lässt sich das Standrohr mit preiswerten Rohrschellen befestigen und der eigentliche Schirm, der in der Backskiste gelagert wird, kann einfach aufgesteckt werden.

Sonnenschutz im Salon

In südlichen Segelrevieren verlangt der Körper nach Kühle und Schatten. Gerade unter Deck kann es im Sommer ziemlich ungemütlich heiß und stickig werden. Billige Sonnenschutzrollos aus dem Autozubehör-Handel leisten unschätzbare Schattierungsdienste an Fensterflächen und Decksluken.

Sie werden innen, meist mit nur zwei Schrauben, angebracht. Eine dritte Schraube hält den »Einschnapphaken«. In der Rollorolle ist eine Feder installiert, die das ausgezogene und im Haken arretierte Tuch stramm gespannt hält. Dies ist unabhängig von senkrechter oder waagerechter Montage.
Bei Nichtgebrauch rollt sich das Material einfach in die Rolle und fällt kaum weiter auf.
Das Material ist luftdurchlässig, so dass die Luft-Zirkulation auch bei aufgezogenem Rollo gewährleistet ist. Sollte der Federmechanismus des Rollos nach einigen Jahren

Seeluft verrostet sein, so ist leicht Ersatz an der nächsten Tankstelle oder im Baumarkt zu bekommen.
Es gibt auch spezielle, alubedampfte Sonnenschutzrollos, welche die Sonnenhitze noch effektiver reflektieren. Aber diese Teile sind erheblich teurer und weder licht- noch luftdurchlässig, so dass von außen keine ach so notwendige Frischluft mehr ins Bootsinnere gelangen kann. Allerdings gibt es einen guten Verwendungszweck für diese Rollos: Als Spritzschutz oberhalb oder rund um den Herd. Außerhalb des Flammbereichs montiert fangen sich Fettspritzer an diesen Rollos. Bei Nichtgebrauch lassen sie sich auch hier wegrollen. Und wenn das Material zu unansehnlich wird, dann schneidet man einfach ein Stück des Rollos ab und fädelt das Resttuch wieder ein. Denn diese Rollos werden in Längen ab etwa 1,70 m verkauft – normalerweise viel zu lang für den Bordgebrauch, aber in der Abschneidvariante jahrelang im Einsatz.

»Heiß auf« mit Elektropower

Gerade die kleine Crew müht sich oft mit dem Setzten des Großsegels. Nicht selten bleibt dieses Segel brav aufgetucht auf dem Großbaum, weil sich die Mannschaft die Mühe nicht machen möchte, den großen Lappen hoch zu ziehen.

Auf manchen Yachten lässt es sich einrichten, dass man das Großsegel mit Hilfe der Ankerwinsch setzt! Entweder lässt sich das Großfall gleich direkt um das Ankerspill wickeln, oder eine an geeigneter Stelle angebrachte Umlenkrolle führt das Fall zur Winsch.
Eine Winde mit horizontalem Spillkopf ist gegenüber einer Ankerwinsch in vertikaler Konstruktion etwas im Vorteil, denn die Zuführung des Falls ist meist einfacher.

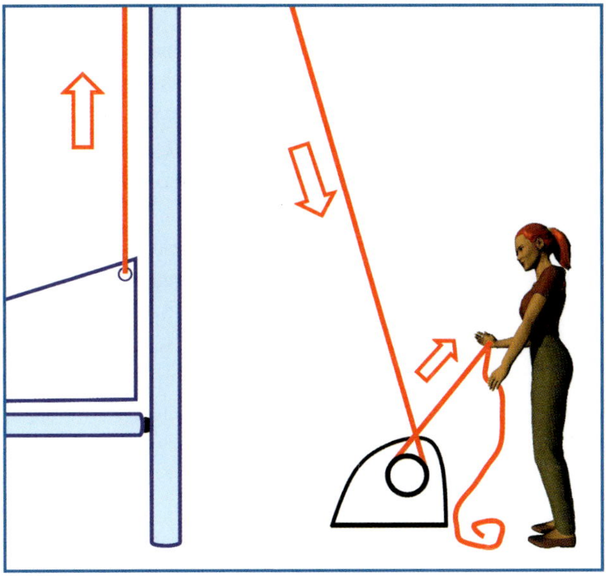

Aber bei geschickter Positionierung des Blockes zur Umlenkung der Leine lässt sich praktisch jedes Großsegel mit Hilfe der elektrischen Ankerwinsch setzen.

Fernbedienung für Pinnen- und Radsteuerung

Nicht jedes Schiff verfügt über einen Autopiloten. Trotzdem ist es manchmal wünschenswert, vielleicht sogar notwendig, dass das Boot von anderer Stelle als vom Cockpit aus gesteuert werden kann.

Hierzu werden eine Leine, eine Umlenkrolle samt Befestigungsbändsel und ein Gummistropp benötigt.
Die Leine knotet man an die Spitze der Ruderpinne oder an den äußeren Ring des Ruderrades – bei Mittschiffsstellung des Ruderblattes ganz oben ans Rad. Sie wird durch den Block geführt, der genau querab von Pinne

oder Rad z. B. an der Reling gelascht wird. Der Gummistropp wird genau gegenüber angebunden, allerdings auf Zug, so dass Pinne oder Rad durch seine Zugkraft bewegt werden.
Mit der Leine wird ein Gegenzug hergestellt, so dass das Ruderblatt wieder in die Mittschiffsrichtung geholt wird – das war's!
Die Leine kann von beliebiger Stelle an Bord bedient werden. Je nach Zugkraft fährt das Schiff nach Steuer- oder nach Backbord. Der Gummistropp dient als Rückholfeder. Die Steuerleine lässt sich auch belegen, so dass der Skipper beide Hände für irgendwelche Arbeiten frei bekommt. Für Kursänderungen muss er nicht ins Cockpit hasten, sondern ein Ziehen oder Nachlassen an der Leine ist ausreichend.

Eiskalt im Kühlschrank

Der Sommertörn in südlichen Gefilden geht endlich los. Nun erfreut nicht nur ordentlich Wind Skipper und Crew, sondern auch gut gekühlte Getränke werden reichlich gebraucht.

Doch: Der eingebaute elektrische Kühlschrank kühlt nur dann, wenn die Maschine läuft, denn sonst lutscht dieser Elektro-Großverbraucher die Batterie leer, und so kollidieren der Wunsch nach Kälte und das stramme Segeln miteinander. Hier hilft nur Eis im Kühlschrank. Als großer Eisblock oder als Würfeleis. Doch woher nehmen?
Erste Anlaufstelle für Eisblöcke sind die Fischer. Und zwar nicht die kleinen Boote, die nur stundenweise zum Fischen rausfahren, sondern die größeren, zum Beispiel die Schleppnetzfischer, die oft tagelang unterwegs sind. Da wird jede Menge Eis gebraucht, um den Fang zu kühlen und frisch zu halten. Dazu bunkern diese Schiffe vor dem Auslaufen Eisblocks in großer Menge. Sie werden von der Eisfabrik meist per LKW angeliefert. Wenn der Schiffer da um einem Block bittet, wird er meist erhört und die Kühlung auf der eigenen Yacht ist für Tage

gesichert. Manchmal gibt es das Eis geschenkt, manchmal helfen ein paar Bier, oder es werden ein paar Mark verlangt.
Klappt die Eisbeschaffung hier nicht, dann ist der nächste Anlaufpunkt der Fischhändler. Die Fischer wissen, wo der Laden zu finden ist! In der Regel lagert die begehrte Ware im Kühlhaus dieses Mannes.
Wird auch das nichts, so verkaufen die auf Yachtversorgung spezialisierten Supermärkte manchmal Blöcke oder auch Tüten mit Eiswürfeln an die Yachties – meist zu überhöhten Preisen!
Bleiben noch die Cafés und Bars, die über einen Eiswürfelbereiter verfügen. Hier kann das Kilo Eis locker mehrere Mark kosten, dann wird's teuer. Und wenn man in einem Restaurant beim Abendessen eine gute Zeche macht, kann man den Wirt vielleicht überreden, dass er eine Anzahl der im Süden weit verbreiteten 1,5 Liter Trinkwasserflaschen bis zum nächsten Morgen in seine Gefriertruhe legt und einfriert. Beim Frühstück am nächsten Morgen nimmt man die Flaschen dann mit an Bord.
Am besten kühlt zweifelsfrei der Eisblock, gefolgt von den Eiswürfeln. Zuletzt kommen mit der geringsten Kühlwirkung die Wasserflaschen, die aber noch den Zusatznutzen haben, dass der Inhalt im aufgetauten Zustand kühles und reines Trinkwasser ist.

Extratipp

Lassen Sie das Schmelzwasser nicht einfach ab- und weglaufen. Auch dieses Wasser stellt einen prima Kältespeicher dar, solange noch Eis darin schwimmt.

Lazy-Jacks auch für Charterer – Die Segelbändiger zum Mitnehmen

Gerade beim Chartertörn mit einer anfangs (noch) ungeübten, weil noch nicht eingespielten Crew oder gar mit einer Mannschaft, die aus Neulingen besteht, wird das Reffen schnell zum Problem. Denn gerade, wenn der Wind aufgefrischt hat, sieht der Skipper seine Mitsegler nur ungern auf dem Vorschiff zum Reffen oder Bergen des Großsegels herumwanken. Auch die fachgerechte Bedienung der richtigen Leinen will gerade zu Beginn des Törns noch nicht so recht klappen.

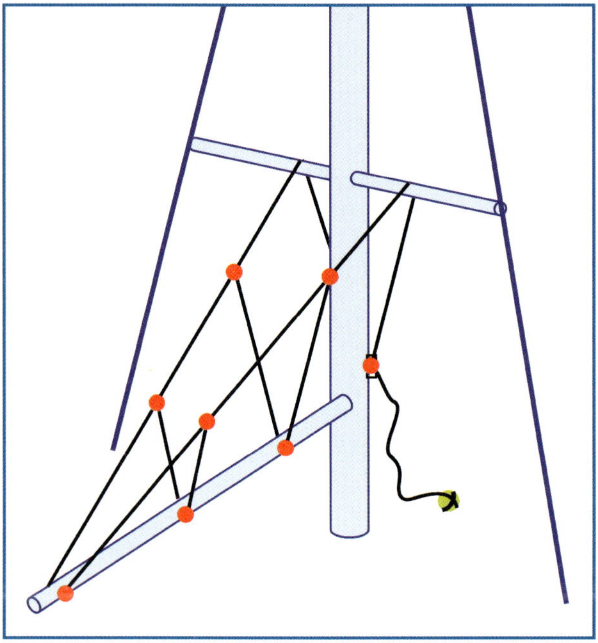

Viele – Charterer wie auch Vercharterer – bevorzugen deshalb Roll-Großsegel, denn hier kann vom Cockpit aus bequem und gefahrlos ein- und ausgerefft werden. Der Speedverlust durch das kleinere und flacher geschnittene Segel wird wegen der höheren Sicherheit und Bequemlichkeit in Kauf genommen.

Speziell beim Bergen des Großsegels besteht akute Unfallgefahr: Der Schiffsrumpf tanzt heftig in den Wellen, der Großbaum, wenn die Großschot nicht ganz stramm durchgesetzt ist, pendelt wild über dem Deck, jede Menge Segeltuch kommt beim Fieren des Falls von oben, und die Crew müht sich auf dem glitschigen Kabinendach, das Gleichgewicht zu halten und das Groß möglichst faltenfrei auf zu tuchen.

Eine Rolle 4 bis 6 Millimeter starke Nylonline aus dem Camping-Zubehör schafft hier Abhilfe als schnellmontierte Lazy-Jack-Anlage.

Eine erste Leine wird, z. B. auf der Backbordseite, mit Hilfe eines angeknoteten Tennisballes oder etwas ähnlichem, zwischen Mast und Wanten von achtern her über die untere Saling geworfen – es kann natürlich auch ein Mann in den Mast gewinscht werden. Das vordere Ende wird – ohne Ball jetzt – in bequemer Griffhöhe in Decksnähe am Mast belegt. Hier findet sich sicherlich eine Klampe, ein Schäkel, oder eine andere Befestigungsmöglichkeit.

Das achtere Ende wird mit etwa 2 Meter Überlänge abgeschnitten, und dieses Ende knotet man an der Groß-

baumnock oder maximal 1 bis 2 Meter davor fest. Unsere Haupt-Lazy-Jack-Leine ist jetzt fertig.
Je nach Baumlänge und Salingshöhe vervollständigen noch 2 bis 3 zusätzliche Seitenleinen unsere Konstruktion. Sie werden in gleichen Abständen an die Hauptleine geknotet, nach unten geführt und am Großbaum befestigt. Fertig ist die Backbordseite! Mit der Steuerbordseite wird entsprechend verfahren.
Jetzt fällt das Großsegel beim Reffen und Bergen zwischen dieses mäßig stramm gespannte Spinnennetz, es gibt keine Berge von Segeltuch auf dem im Seegang herumbockenden Deck, und die Crew kann den Lappen ohne Rippenprellungen gefahrlos auftuchen.
Beim Segeln können diese Lazy-Jacks übrigens nach Fieren der am Mast belegten Hauptleine bequem nach vorne zum Mast gezogen und dort festgebänselt werden. So stören sie weder die anliegende Windströmung noch die Augen der Crew. Natürlich ist auch eine praktische Umlenkung dieser Leine bis ins Cockpit machbar.
Noch ein Vorteil: Diese billige und einfache Konstruktion kann gefahrlos demontiert und zum nächsten Chartertörn wiederverwendet werden!

Dies und das

Kleine Geschenke erhalten die Freundschaft

Waren Sie schon mal für längere Zeit im Ausland? Dann ist es Ihnen sicherlich auch so ergangen, dass Sie bei Ihrer Rückkehr ordentlich Heißhunger hatten auf deftige Hausmannskost. Exotisches Essen im Urlaubsland mag ja schön und gut sein, aber es geht doch nichts über Eisbein mit Sauerkraut, dunkles Vollkornbrot und Wurst vom Metzger um die Ecke.

Genauso wie Ihnen geht es auch den im Ausland beschäftigten deutschen Landsleuten: Reiseleiter/innen, Hotel- und Charterstützpunkt-Personal, Ihr Skipper an Bord, etc. Sie alle freuen sich riesig über einen kleinen kulinarischen Leckerbissen von zu Hause. Das muss nicht die Delikatesse aus dem Feinkostladen sein – eine Kleinigkeit vom Supermarkt reicht völlig aus. Wichtig sind für Sie drei Dinge:

1. Das Mitbringsel muss natürlich den Zollvorschriften des jeweiligen Reiselandes genügen. Das ist bei Konserven, Dosen oder eingeschweißten Lebensmitteln meist der Fall. Frische Sachen dürfen z. B. in die USA nicht eingeführt werden, auch wenn die Brezeln noch so lecker wären. Eine Dose Schweinefleisch wird jedoch sogar einen türkischen Zöllner nicht verärgern.

2. Es muss sich für Sie leicht transportieren lassen. Auch hier eignen sich fest verschlossene Waren am besten.
3. Die Lebensmittel müssen haltbar und unempfindlich gegen hohe Temperaturen (am Urlaubsort) sein.

Hier eine kleine Auflistung von möglichen Köstlichkeiten, die das Urlaubsbudget nicht belasten, mit denen Sie anderen eine große Freude bereiten und die im Urlaub möglicherweise einige Türen öffnen: Wurst und Käse aus deutschen Landen, Schwarzbrot, scharfer oder auch süßer Senf, Rauchfleisch, Fischkonserven, Essiggurken oder andere süßsaure Schmankerl, ein Döschen gutes Bier, ja sogar ein Fertiggericht.
Diese Liste lässt sich natürlich noch erweitern. Bedenken Sie, dass viele dieser Lebensmittel in manchen Ländern entweder gar nicht zu haben als Importware unglaublich teuer sind. So kostet zum Beispiel ein Glas Gewürzgurken, das bei uns im Laden für rund 50 Cent zu haben ist, in Griechenland schlappe 2,50 Euro!
Probieren Sie's mal aus: Packen Sie eine Kleinigkeit in Ihr Urlaubsgepäck, und überreichen Sie dies zur passenden Zeit. Und der Beschenkte wird sich riesig freuen.

Die »boat boys« der Karibik

Jeder Karibiksegler kennt sie: Die Jugendlichen und jungen Männer, die sich um die einlaufenden Yachten bemühen und gerne, gegen harte Dollars, zu Diensten sind, um die Achterleine um die Palme am Ufer zu knoten: die boat boys. Sie treten vor allem im mittleren und südlichen Teil des karibischen Inselbogens auf. Je südlicher man kommt, desto aggressiver wird der Kampf um die begehrte Trophäe Achterleine ausgetragen.

Das funktioniert oft folgendermaßen: Eine Yacht läuft in eine Bucht ein. Karibik-üblich hängt das Dingi an einer langen Leine am Heck. Schon weit vor dem Ankerplatz kommt ein junger Mann in einem Ruderboot wie wild dahergerudert und versucht, durch Reden und Gesten die Yacht zu stoppen. Gelingt dies nicht, so steuert er seine Nussschale an die passierende Yacht heran und wirft sich in das Beiboot, ohne sein eigenes Bötchen zu verlieren. So bekommt er einen kräftesparenden Lift in die Bucht hinein und die Aussicht auf den Palmenjob. Doch Vorsicht! Es gab schon Fälle, bei denen sich der boat boy bei diesem riskanten Manöver verletzt hat (vielleicht auch vorgetäuscht). In jedem Falle ist der Yachtskipper haftbar! Lassen Sie also solches Vorgehen erst gar nicht zu.

Bei weiterer Annäherung an den Ankerplatz gesellen sich noch eine ganze Reihe von anderen Boys auf teilweise skurrilen Untersätzen rund um die Yacht dazu; sie hängen sich samt Ruderboot, Surfbrett etc. längsseits an die Bordwand und versuchen, den Job zu ergattern.

Meist bleibt einem gar nichts anderes übrig, als einem der Jungen die Leinenaufgabe zuzusprechen, was schlagartig den Zorn der übrigen Jungs auf sich zieht. Je ärmer die Insel, desto heftiger die Reaktionen und teilweise sogar wüste Beschimpfungen. Lassen Sie sich nicht davon beirren, das gehört mit zum Ritual, auch wenn eine regelrechte Schlägerei oder ein kleines Seegefecht entsteht. Den Job kann nur einer übernehmen, und die leer ausgegangen sind, wenden sich bald der nächsten Yacht zu. Allerdings möchte jeder noch ein Schwätzchen halten und seine Zusatzleistungen an den Mann bzw. die Crew bringen: Muscheln, Schnecken und kunsthandwerkliche Arbeiten feilbieten, die Yacht und/oder das Beiboot während des Landausfluges bewachen, Einkäufe erledigen, am nächsten Morgen frisches Brot besorgen, Früchte, Fische, Lobster oder ein Taxi organisieren... Es geht eigentlich alles – für Geld – denn umsonst sind diese Dienstleistungen nicht. Skipper und Crew müssen einfach bedenken, dass der nunmehr »angestellte« Boy die Semmeln auch nur beim Supermarkt um die Ecke holt und für seine Dienste schnell mal schlappe 100 Prozent aufschlägt. Dafür hat man allerdings den exklusiven Service, dass alles Gewünschte direkt zum Schiff geliefert wird.

Manche Urlaubsyachties erschrecken angesichts des, zugegeben manchmal recht aufdringlichen Gehabes der boat boys, aber bei gegenseitigem Respekt klappt das Miteinander ganz prima.
Wichtig ist, dass einer der Jungs vom Skipper eindeutig – auch für die anderen – zum Auftragsempfänger bestimmt wird. Und nur mit ihm wird verhandelt bzw. das Anlegemanöver durchgeführt. Er bekommt die Leine. Liegt die Yacht dann fest, so bekommt er auch sein Geld (in der Regel 5 bis 10 EC – East Caribbean Dollars). Natürlich möchte er am folgenden Morgen auch für das Lösen der Palmenleine engagiert werden, doch das kann der Skipper noch offen lassen. Nachdem der Auserwählte und seine Kollegen dann Gelegenheit hatten, ihre Waren und Dienstleistungen anzupreisen, kann der Skipper die boat boys darauf hinweisen, dass er und seine Crew nun alleine gelassen werden und ihre Privatsphäre haben möchten. Meiner Erfahrung nach löst sich der Pulk dann auch langsam auf, um auf den nächsten Yachtkunden zu warten, und die Crew kann ihren Urlaub genießen.

Woher den Sprit nehmen in Türkei und Griechenland?

Nicht nur die Wasserbeschaffung stellt die Crew manchmal vor knifflige Probleme, die teilweise erlebnisreich gelöst werden – auch die Versorgung mit Diesel und erst recht mit Benzin gestaltet sich schwierig.

Wer gewohnt ist, dass an jeder Ecke eine Tankstelle steht, wird herb enttäuscht. Tankstellen direkt am Wasser gibt es nur in den wenigen voll ausgestatteten Marinas. Unterwegs auf dem Törn muss die Mannschaft auch mal findig sein, um die Tanks nachzufüllen.
Kleine Tankwagen mit Dieselöl flanieren nachmittags vor den Yachten auf und ab und warten auf ein Zeichen zum Tanken. Das ist sehr praktisch, da das Schiff nicht umran-

giert werden muss, sondern direkt am Liegeplatz den Sprit bekommt. Für die Megayacht kommt schon mal ein riesiger Sattelzug, um den Durst der Motoren zu stillen. Der Hafenkapitän oder der nahe Tavernenwirt weiß in der Regel, wie und wo die mobile Tankstelle zu erreichen ist. In den kleinen Fischerhäfen gibt es solchen Service nicht. Nicht selten versorgt eine einzige Straßentankstelle eine komplette Insel. Leider liegt sie nicht am Wasser, sondern irgendwo im Landesinneren. Das heißt für die Crew: Mit dem Reservekanister zur Zapfsäule pilgern! Das Taxi ist auf den Inseln das Transportmittel für alles, also auch für Dieselkanister. Für den Taxifahrer sind solche Transporte nichts Ungewöhnliches, auch wenn er mehrere Male hin und her fahren muss, bis der Tank voll ist.
Hat der Tankstellenbesitzer gerade Zeit – und die hat er meist, wenn er denn will – dann hilft auch er manchmal mit seinem Wagen beim Dieseltransport.
Notfalls muss der Insel-Linienbus herhalten für den Transfer. Einfallsreichtum und Improvisationsgabe führen zum Erfolg.

Wasserbeschaffung in Griechenland

Viele Wassersportreviere zeichnen sich durch eine ausgezeichnete Infrastruktur aus – fast an jeder Ecke findet sich eine Marina oder ein Yachthafen. In Griechenland und auch anderswo ist die Ursprünglichkeit vielerorts erhalten geblieben. Statt auf Campingplätzen für Yachten liegt der Yachtie meist in den öffentlichen Fischerhäfen, denn die intakten Marinas lassen sich an zwei Händen abzählen.

Nach einem sportlichen Tag auf See ist jede Mannschaft froh, wenn sie sich das Salz vom Körper spülen kann, um erfrischt zum Landgang zu sein. Die Tanks an Bord können gar nicht groß genug sein, oder sie müssen regelmäßig nachgefüllt werden.
Stehen in den Yachthäfen die Zapfsäulen für Strom und Wasser an jedem Steg, so gibt es in den kleinen Häfen

höchstens einen Wasserhahn an der Pier, und der ist abgeschlossen. Den Schlüssel hierfür verwaltet der »Wassermann«. Dieser Gemeindeangestelle kommt in der Regel morgens und am späten Nachmittag zur Pier und verkauft das kostbare Nass. Manchmal ist ein Wasserschlauch vorhanden, manchmal muss der bordeigene Schlauch ausgepackt werden. Nur selten wird mit einer Wasseruhr nach tatsächlichem Verbrauch abgerechnet. Pauschal kostet eine Tankfüllung zwischen etwa 500 und 1500 Drachmen, also ca. 2 bis 4 Euro.

Besonders auf den Inseln ist das Waschen der Yacht mit dem wertvollen Süßwasser verpönt, wenn nicht sogar verboten! Trinkwasser muss teuer hergestellt werden mit Seewasser-Entsalzungsanlagen, oder es wird per Tankschiff herantransportiert.

Nicht überall ist ein Wasserhahn vorhanden. Deshalb kommt in manchen Häfen ein Wasser-Tankwagen zur Pier. Normalerweise versorgt er diejenigen Häuser, die

über keinen Leitungswasser-Anschluss verfügen, und zwischendurch auch die Boote.
Gibt es auch keine mobile Wasserversorgung, dann findet sich vielleicht ein öffentlicher Wasserhahn am Dorfplatz. Mit dem Kanister kommt das Wasser dann zur Yacht. Oder der freundliche Wirt der Taverne, in welche die Mannschaft zum Essen geht, füllt den Kanister.

Yachtcharter, Mitsegeln, Kojencharter...: Was ist was?

Elegant gleitet die weiße Yacht über das türkisblaue Meer. Das Wasser teilt sich gurgelnd vor dem Bug. An Bord befinden sich elegante graumelierte Herren und gestylte junge Damen.

Dieses platte Klischee versucht uns die Werbung oft vorzugaukeln. Doch Segeln ist viel mehr: Intensives Erleben von Meer und Natur auch abseits ausgetretener Touristenpfade, Lagerfeuer in einsamen Ankerbuchten, quirliges Hafenleben, bequemes Insel-Hopping, der Triumph über Wind und Wetter beim Segeln, das Zusammenfügen unterschiedlicher Charaktere auf der Yacht zu einem erfolgreichen Team, und natürlich gute Laune satt.
In den Reisebüros herrscht meist die große Funkstille, wenn ein Kunde an den Counter kommt und eine Segel- oder Motoryacht chartern oder auf einer Yacht mitsegeln möchte. Die großen Veranstalter bieten Charteryachten und Mitsegelgelegenheiten praktisch nicht an, und so sind Expedient und Kunde überfragt.
Aber: Kleine Spezial-Veranstalter decken diesen interessanten Markt ab – allerdings sind viele dieser Firmen in den Reisebüros mit ihren Prospekten und Angeboten nicht präsent. Charter-Agenturen und Anbieter von Mitsegel-Gelegenheiten findet man auf den Wassersportmessen und im Anzeigenteil der Segel-Magazine. Hier kann fleißig nach detaillierten Informationen über diesen Themenbereich gekramt werden.

Welche Reiseform ist für den jeweiligen optimal? Hier einige Anregungen zur Selbsteinschätzung:

Unter **Yachtcharter** versteht man das Mieten einer kompletten Segel- oder Motoryacht ohne Mannschaft. Segel-, Motoryachten und Katamarane gibt es weltweit fast überall da, wo es auch Meerwasser gibt. Zwischen einer Länge von 5 Meter für ein Wasserskiboot bis zu etwa 15 Meter kann der Kunde wählen und diese Boote auch noch selbst über das Meer steuern (wenn er im Besitz des vorgeschriebenen Führerscheins ist: In Deutschland mindestens Sportboot-Führerschein See). Er ist sein eigener Herr an Bord und kann Route und Ablauf selbst bestimmen. Zwischen 2 und ca. 12 Personen finden in Doppelkabinen und im Salon Platz an Bord.
Wer mehr Luxus möchte, oder wer sich einfach nur wenig um das Segeln kümmern möchte, der heuert einen Skipper an oder chartert sich eine Yacht mit Crew (Skipper, Matrosen, Koch, Hostess usw., alles ist möglich). Von etwa 15 Metern bis zu »schlappen« 150 Metern Länge gibt es traumhafte Yachten (auch für den größeren Geldbeutel!). Hier lässt sich auch ein Betriebs- oder Kegelclub-Ausflug oder eine Incentive-Reise durchführen.
In Süßwasserrevieren, also auf Flüssen und Kanälen in Europa, können Motoryachten als Fluss- oder Hausboote für Selbstfahrer gechartert werden. Es gibt Größen von ca. 9 bis 15 Meter für 2 bis 10 Personen. Gemütlich schippert man durch Kanäle, Schleusen und Seen und stoppt, wo es gefällt.

Eine **Mitsegelgelegenheit** ist das Buchen einer Koje an Bord einer Yacht, auf der sich Skipper, Skipperpaar oder auch eine Crew um die Yachtführung und auf manchen Booten sogar um das leibliche Wohl kümmern. Der Mitsegler kann auf vielen Yachten aktiv mitsegeln, also selbst mit Hand anlegen, oder sich einfach herumschippern und auch bekochen lassen. Segelerfahrung ist nicht erforderlich. Mitsegelgelegenheiten/Kojencharter gibt es in weltweiten Revieren – als Urlaubstörn genauso wie als Expedition, zu unterschiedlichen Preisen und Kategorien: Der Aussteiger auf seinem Boot gibt sich vielleicht mit 200 EURO pro Woche für eine Koje zufrieden, im Profibereich wird oft um die 500 EURO verlangt, je nach Ausstattung und Service. Auf Luxusyachten mit mehrköpfiger Crew und eigenem Koch hat man Kreuzfahrtstandard und entsprechenden Reisepreis. Der Kunde muss bei der Auswahl bedenken, ob er u. U. auf einem sehr »schlichten« Boot ohne Sicherungsschein hausen möchte, oder ob er eine professionelle Durchführung mit allen Rechten und Pflichten eines Segelreise-Veranstalters vorzieht. In eine Bordkasse wird von allen Mitseglern gleichmäßig eingezahlt und daraus das, was an Bord verbraucht wird, bezahlt (i. d. R. Frühstück, Getränke, Diesel, Hafengebühren usw.). Meist wird der Skipper/die Crew an Bord und auch an Land aus der Bordkasse mitverpflegt! Bei wenigen Veranstaltern zahlt der Skipper seinen Anteil selbst – eine Konzept- und Preisfrage!

Ein attraktives Mittelding zwischen Charter und Mitsegeln stellt das **Segeln in einer Flottille** bzw. im Geschwader dar. Es handelt sich hier nicht um militärische Übungen, sondern um eine lockere Gruppe von Yachten, die unabhängig voneinander eine vorher besprochene Route segelt und die von einem Leitboot mit revierkundiger und segelerfahrener Crew begleitet wird.
Die Teilnehmer treffen sich zu gemeinsamen Aktivitäten an Land, aber jedes Boot bleibt völlig unabhängig. Gebucht werden kann sowohl eine Einzelkoje als auch eine komplette Yacht. Gerne machen Segelschein-Neulinge und Segel-Einsteiger ihre ersten Erfahrungen als Skipper oder Mitsegler an Bord einer Flottillenyacht, denn kompetente Hilfe ist nicht weit. Ideal auch für männliche und weibliche Einzelbucher, Paare, Familien und Gruppen. Segelerfahrung ist für die Mitsegler auch hier nicht nötig!

Zur Info:

– Segelreisen auf Schiffen wie *Star Clipper*, *Lili Marleen* etc. sind eigentlich Kreuzfahrten auf Schiffen, die über

Segel verfügen und diese auch hissen, um den Segelreise-Charakter zu wahren. Die Mitsegler heißen dort Passagiere und dürfen, so sie ausdrücklich wollen, auch mal an einem Tau ziehen und den elektrischen Winden die Arbeit kurzfristig abnehmen.

- Die beliebte »Blaue Reise« in der Türkei, die es unter ähnlichen Namen auch z. B. in Griechenland und Kroatien gibt, stellt mitnichten eine Segelreise dar! Auf diesen Motorseglern beschränkt sich das Segelangebot auf das Aufspannen eines Sonnensegels. Eine treffendere Bezeichnung für diese Reisen wäre »Mini-Kreuzfahrt«.

»Echte« Mitsegeltörns zeichnen sich dadurch aus, dass ein kompetenter Skipper an Bord ist und dass aktiv mitgesegelt werden kann, auch ohne Segelerfahrung.

Segeln als Gruppenerlebnis

Der Traum vom Segeln: Viele verstehen darunter eine elegante Yacht mit schneeweißen Segeln, die sich im Wind blähen, eine schäumende Bugwelle und reiche und schöne Menschen an Bord, die aufrecht zum Horizont blicken und furchtlos nach Piraten und Seejungfrauen Ausschau halten. Diese Vorstellung verleiht einem Segeltörn seine besondere Note.

Die Teilnehmer an einem Segeltörn kommen mit den unterschiedlichsten Motivationen zu solch einer Reise: Der eine ist einfach gerne auf dem Wasser und liebt die ruhige Gelassenheit beim Aufenthalt an Bord. Andere verbinden ihr »Appartement auf dem Wasser« mit der Möglichkeit, jeden Tag eine neue Insel anzulaufen und zu erforschen – Insel-Hopping ohne das lästige Leben aus dem Koffer. Allen gemeinsam ist, dass eine individuelle Gruppenreise auf dem Programm steht.
Und gerade dieser Punkt unterscheidet die Segel-Gruppenreise entscheidend von z. B. einer Busreise: Auf einer

Segelyacht sind alle Reiseteilnehmer nicht nur tagsüber auf dem Boot, sondern es wird üblicherweise auch in Doppelkabinen an Bord geschlafen, und auch das Frühstück und oft auch das Mittagessen gibt es dort. Das heißt, dass zusammen mit der Gruppe viel Zeit verbracht wird, auch wenn jeweils nur einige Stunden pro Tag gesegelt wird. Bei den »richtigen« Segeltörns wird alles gemeinsam gemacht. Nicht nur die nautischen Arbeiten wie Rudergehen, Segelsetzen und die Ankermanöver, sondern auch das Zubereiten von Frühstück und Mittagsimbiss wie auch das gelegentliche Klar-Schiff-Machen gehören zum Programm. Darauf müssen sich die Teilnehmer einstellen. Viele Mitsegler wissen darum und freuen sich schon darauf – Leute, die Kreuzfahrtservice erwarten, müssen sich umstellen. Dafür lernen sie Ihre Mitfahrer auch viel intensiver kennen. Die Gespräche an Bord gehen weit über den üblichen Small-Talk zur Happy-Hour hinaus. Oft genug entstehen dauerhafte Freundschaften.
Viele Einzelbucher – Weiblein wie Männlein – haben an einem Segeltörn ihren Spaß, denn man ist aktiv an Bord, ohne Schwielen an den Händen, und man ist ebenso aktiv an Land. Alle Mitsegler haben ein gemeinsames Ziel vor Augen: Das Erleben eines unbeschwerten Urlaubs, das Bewegen »ihrer« Yacht – und das klappt nur im Team – und das Sich-Einlassen auf fremde Menschen. Dies allerdings funktioniert um so besser, je fremder sich die Leute sind, denn dann liegen die Toleranzschwellen sehr hoch und jeder ist bemüht, sich in die Gruppe einzubringen.
Bei einer Segel-Gruppenreise entfaltet sich meist mehr Aktivität als wenn man einen Hotelurlaub bucht. Jeder neue Hafen, jede neue Insel will erobert werden, und so werden vielfältige Exkursionen zu Fuß, mit Motorroller oder Mietwagen unternommen. Hierbei bleibt jedem selbst überlassen, ob er sich beteiligen möchte oder nicht. Kein starrer Reiseplan wie bei üblichen Rundreisen mahnt zum ständigen Abhaken von Programmpunkten – es bleibt Freizeit bei diesen »individuellen Gruppenreisen«.

Paare als Mitsegler bei einem Segeltörn genießen oft die Möglichkeit, dass die Partner ihren persönlichen Bedürfnissen nachgehen können, ohne dass der andere deshalb zurückstecken muss. Der eine geht (mit einem Teil der Truppe) zum Einkaufsbummel in den Bazar, und der andere macht alleine einen Foto-Ausflug in die Berge.

Der Kapitän der Yacht nimmt bei der Durchführung eines Segeltörns eine zentrale Stellung ein. Er ist nicht nur der verantwortliche Schiffsführer, der dafür zu sorgen hat, dass der Törn sicher abläuft, sondern er ist auch Ansprechpartner und Ratgeber für sämtliche Landaktivitäten, denn er kennt sich in der Gegend aus und kennt die schönsten Häfen, Buchten und Ausflugsmöglichkeiten, und nicht zuletzt weiß er, wo es die besten Restaurants gibt. Und schließlich ist der Skipper maßgeblich an der Gruppendynamik beteiligt. Er kann die Gruppe leiten und Konflikte gar nicht erst aufkommen lassen.

Als Incentive-Reise für Gruppen beliebiger Größe kann ein Segeltörn bleibenden Nutzen bringen. Der Duden definiert eine solche Incentive-Reise wie folgt: »Reise, die ein Unternehmen bestimmten Mitarbeitern als Prämie oder als Anreiz zur Leistungssteigerung stiftet.« Der Gewinner eines (firmeninternen) Verkaufswettbewerbes kann sich also ebenso auf einer Yacht wiederfinden wie ausgewählte herausragende Mitarbeiter oder Geschäftsfreunde, die ein besonderes Erlebnis haben sollen. Auch eine Produkt-Präsentation im maritimen Umfeld stellt eine sinnvolle Maßnahme dar. Fakt ist, dass sich hier Personen verschiedenster Charaktere treffen, die schon bald zu einer eingeschworenen Gemeinschaft verschmelzen.

Diesen gruppendynamischen Effekt machen sich zunehmend auch Unternehmen zunutze, indem sie Seminare auf Segelyachten stattfinden lassen. Als Seminar-Inhalte bieten sich natürlich Themen an, die der Teambildung oder Teamfestigung ausgewählter Mitarbeiter dienen. Denn genau hier, auf einer Segelyacht, sitzen alle im Sinne des Wortes »in einem Boot« und müssen sich den Problemfeldern Machtverteilung, Problembewältigung, Integration des Individuums, Vertrauen in die Gruppe, etc. stellen. Als

weiteres Inhaltsfeld für Seminare oder Workshops während eines Törns kommen auch Klausurtagungen und Arbeitsgruppen, die an einer spezifischen Problemlösung arbeiten, in Betracht. An Bord werden auch schnell die Teamfähigkeiten und das strategische Denkpotential von Teilnehmern ähnlich wie in einem Accessment-Center deutlich.
Schon Alt-Bundeskanzler Helmut Schmidt wusste um die belebende Wirkung eines Aufenthalts an Bord einer Yacht, wenn es um kniffelige Konferenzen geht. Er zog sich mit seinen Gesprächspartnern gerne auf die *Atalanta*, einen Segelschoner, zum Verhandeln oder zur Lösungsfindung zurück. Die Bayrische Versicherungskammer geht sogar noch einen Schritt weiter: Sie leistet sich eine eigene Yacht als »Dienstfahrzeug«. Sie wird zur Repräsentation, zur Unterbringung von Führungskräften bei Auslandseinsätzen, und natürlich als Vehikel zum Gebären von Ideen und Strategien eingesetzt.
Ein solcher, meist mehrtägiger Event lässt sich im In- und im Ausland durchführen. Wegen der besseren Wetterstabilität findet solch ein Trip gerne in südlichen Gefilden statt. Das kann im Mittelmeerraum genauso sein wie in der Karibik, in Thailand oder im Pazifikraum. Aber auch die Ostsee oder der Bodensee bieten sich an. Größere Gruppen werden entweder auf mehreren sportlichen Segelyachten oder auf einem entsprechend großen Windjammer untergebracht.
Zu einem solchen Event gehört ein Rahmenprogramm, das destinationsspezifisch zugeschnitten sein kann: Hamambesuch und Bauchtanz in der Türkei, historische Stätten und Sirtaki in Griechenland, Tapas-Essen auf den Balearen, Beachparty mit Limbotanz und Steelband in der Karibik. Weitere mögliche Aktivitäten sind Segelregatta, Power-Wassersport wie Parasailing, Wasserski .und Tauchen, Mountainbike-Tour, Jeep-Safari, Strand-Olympiade, Barbecue am Lagerfeuer, Bordparty, u. v. a. m.
Aber nicht nur Firmen finden Gefallen an einer durchorganisierten Incentive-Tour, sondern auch private Gruppierungen wie Vereine, Clubs, Institutionen, oder einfach

Freundeskreise, die Sail+Sun+Fun auf individuell organisierte Weise miteinander verquicken wollen.
Segeltörns finden nicht nur in den angesagten Revieren dieser Welt wie Ostsee, Mittelmeer und Karibik statt, sondern manche Segelexpeditionen führen auch zu unbekannten Destinationen in Südsee und Antarktis.
Als Yachten kommen kleinere Segelyachten zwischen 10 und etwa 16 Metern Länge für 4 bis 10 Mitsegler genauso zum Einsatz wie Windjammer mit bis zu mehr als 100 Metern Länge. Es gibt einfache Boote mit Selbstversorgung an Bord und auch Luxusyachten mit kompletter Crew, die dem Gast jeden Wunsch von den Augen abliest. Aber diese Variante ist vom Zuschnitt her eigentlich eine Kreuzfahrt zu nennen.
Segeln ist beileibe kein Sport nur für betuchte Leute. Man ist auch nicht tagelang ausschließlich auf See, sondern ein entspannter Segeltörn besteht aus einer spannenden Mixtur von sportlichem Fortkommen, also dem Segeln an sich, dem »Erfahren« (im wahrsten Sinne des Wortes) von unbekannten Inseln, Buchten und Häfen und dem Kennenlernen von Kultur, Land und Leuten, an Land und auch an Bord. Manche lernen auch sich selbst besser kennen.